LE MIROIR DES NOMBRES

Nicole Delongchamp

LE MIROIR DES NOMBRES

Numérologie Pratique

Éditions Fernand Lanore - François SORLOT, Éditeur
1, rue Palatine - 75006 Paris

ISBN : 2-85157-099-4

« Ce que la Pensée antique avait entrevu et imaginé comme une harmonie naturelle des Nombres, la Science moderne l'a saisi et réalisé dans la précision de formules fondées sur la Mesure. »

Pierre Teilhard de Chardin
Le Phénomène humain

PRÉFACE

La Numérologie n'est pas un nouveau mode de divination inventé par les « allumés » du New-Age...

C'est la science sacrée par excellence dont on trouve les racines dans tous les écrits spirituels des grandes civilisations. Si la Numérologie refait surface actuellement, c'est que nous nous préparons à vivre une ère nouvelle qui s'oriente vers un retour à la vraie connaissance et à une spiritualité authentique.

La Science des Nombres intègre tous les aspects du symbolisme et permet d'approcher tous les paramètres de la vérité en faisant le lien entre ce qu'on appelle le rationnel et l'irrationnel. C'est à partir de la Science des Nombres que tous les principes de la vie et les mystères de la création sont compréhensibles. C'est cette science sacrée qui est à l'origine de l'astrologie, des mathématiques, des lois géométriques, des règles cycliques biologiques, de la médecine, de l'architecture, etc.

La Numérologie (ou discours sur le nombre) est parmi tant d'autres, l'axe qui permet l'étude d'un individu et de son évolution terrestre. A travers les lettres du nom et les chiffres de la date de naissance, il est possible d'établir une véritable carte d'identité qui nous renseigne sur le potentiel ou les carences éventuelles ainsi que sur le parcours prédestiné qui nous attend. C'est par cette découverte de soi-même et par un travail adéquat sur soi-même qu'on peut se dégager des aspects difficiles et mieux orienter son expérience de vie. C'est là le but de la Numérologie. C'est donc avant tout un instrument de travail et de prévoyance, plutôt qu'un jeu divinatoire.

C'est dans cet esprit qu'a été écrit le présent ouvrage qui a le mérite de remonter aux sources et de s'adresser au plus grand nombre pour une compréhension élargie de la symbolique des nombres.

Le style est moderne et alerte. C'est le langage d'aujourd'hui qui traduit au mieux les grandes vérités d'antan.

Ce livre vous permettra de vous initier de façon agréable, utile et simple au langage parfois bien sinueux et complexe du symbolisme des nombres.

Je vous en souhaite bonne lecture et vous encourage à continuer cette recherche passionnante qui peut vous conduire à une belle maîtrise de votre vie.

Jean-Daniel Fermier

INTRODUCTION

Cet ouvrage n'a d'autre prétention que celle de vous aider à mieux vous connaître ainsi que ceux qui vous entourent en vous apprenant à utiliser la Numérologie. Celle-ci vous permet en effet, grâce à une technique facile, de découvrir les nombres qui se dissimulent derrière votre identité et qui, à votre insu, régissent votre vie. Elle vous fournit aussi les moyens d'interpréter ces nombres et enfin de les utiliser à bon escient pour améliorer la gestion de votre vie quotidienne.

Lorsque Socrate, quatre siècles avant J.-C., prôna la seule connaissance valable, celle de soi-même, il remit une précieuse clé à l'humanité. Mais il lui laissa le soin de trouver la bonne serrure... Or il se pourrait que cette serrure soit là à votre portée et que vous ne l'ayez jamais utilisée parce que vous ignoriez son existence. Et s'il s'agissait de la Science des Nombres, de la NUMÉROLOGIE ?

Je vous propose donc de vous laisser guider par elle et de découvrir avec étonnement et intérêt tout ce qu'elle peut vous enseigner. Sachez seulement qu'en dévoilant vos nombres, la Numérologie vous dévoile à vous-même et qu'elle le fait sans jamais tricher. Tantôt elle vous flatte, tantôt elle vous égratigne, parfois même elle vous maltraite. C'est toujours dans le but louable de vous apprendre à vous juger et à vous accepter. Mais elle vous offre aussi la précieuse possibilité de vous épanouir et de vous améliorer. Alors, pourquoi ne pas tenter dès maintenant avec elle d'embellir l'image qu'elle vous renvoie dans son miroir ?

CE QU'IL FAUT SAVOIR SUR LA NUMÉROLOGIE

QU'EST-CE QUE LA NUMÉROLOGIE ?

La Numérologie est une science de nombres et de calculs qui répond aux questions « qui suis-je » et « où vais-je » ? Votre prénom, votre nom, votre date de naissance lui suffisent pour déterminer votre caractère et votre comportement et pour prévoir les échéances majeures de votre existence.

QUELLES SONT SES ORIGINES ?

Selon l'expression consacrée, elles se perdent dans la nuit des temps. La SCIENCE DES NOMBRES semble être aussi ancienne que l'écriture puisqu'on la retrouve chez tous les peuples qui ont laissé des traces écrites : égyptiens, hébreux, grecs, chinois, hindous. On considère généralement qu'elle puise ses sources dans la Kabbale hébraïque et l'enseignement du philosophe et mathématicien grec Pythagore. Mais il ne faut pas oublier que ce dernier avait acquis son savoir auprès des prêtres de Memphis lors de son long séjour en Égypte. En réalité, le pouvoir vibratoire des nombres a toujours fait partie du savoir des Grands Initiés. Mais la Numérologie est demeurée longtemps occulte, sorte de privilège réservé à une poignée d'érudits et de savants dont les Pères de l'Église chrétienne - notamment Saint-Augustin - et plus tard des écrivains ou scientifiques tels que Pascal, Descartes, Balzac, Baudelaire, Hugo etc.

Au début de ce siècle, elle a refait surface dans le monde anglo-saxon pour y acquérir ses lettres de noblesse, notamment aux États-Unis. Ayant enfin trouvé un écho en France depuis une ou deux décennies au plus, il est temps de lui réserver l'accueil qu'elle mérite.

QUELLE EST SA TECHNIQUE ?

Très simple et très ancienne à la fois. Elle consiste à convertir chaque lettre en un nombre qui lui correspond. Comment ? A l'aide d'une table de correspondance lettres-nombres, ou alphabet numérique, établi par les numérologues et basé sur la langue hébraïque où l'on utilise les lettres pour compter. Ensuite on établit un THÈME NUMÉROLOGIQUE qui fait appel à des calculs nombreux et relativement simples aussi bien qu'à des systèmes beaucoup plus complexes réservés généralement aux professionnels.

COMMENT INTERPRÈTE-T-ON LES NOMBRES ?

L'interprétation des nombres qui résultent de tous ces calculs est basée sur la SYMBOLIQUE DES NOMBRES qui nous a été transmise par la Tradition. Forgée au cours des siècles, cette symbolique n'a guère varié de nos jours. La signification profonde et fondamentale des nombres est demeurée la même, seul un vocabulaire adéquat a dû être adapté à la Numérologie telle que nous la pratiquons aujourd'hui.

QUELLE EST LA DIFFÉRENCE ENTRE LE CHIFFRE ET LE NOMBRE ?

Le chiffre est le graphisme du nombre. Il n'est que son enveloppe, son apparence extérieure, son « habit », dixit Papus, l'un des pères de la Numérologie. Sous le chiffre se cache le nombre, vivant, vibrant, immuable, force incalculable qui selon Pythagore « régit tout l'univers ». La Numérologie s'intéresse au nombre et non au chiffre.

QUEL EST L'INTÉRÊT DE LA NUMÉROLOGIE ?

Il est capital. En effet, en vous révélant vos nombres la Numérologie met en lumière les points forts et les points faibles de votre caractère. A partir de là vous pouvez tirer un meilleur parti de ce potentiel mis à votre disposition. De même si vous avez le privilège de connaître les embûches qui vous guettent sur votre parcours de vie, vous pouvez les éviter, les contourner ou les surmonter plus facilement. En un mot, la Numérologie vous aide à mieux vous comprendre et à mieux gérer votre vie.

QUELLE PLACE LA NUMÉROLOGIE LAISSE-T-ELLE AU LIBRE-ARBITRE ?

Une place à part entière. Il faut savoir en effet que chaque nombre a un contenu à la fois positif et négatif ou, pour employer le langage numérologique, qu'il émet des vibrations aussi bien positives que négatives. Si tous les nombres qui vous correspondent vous sont en quelque sorte imposés par votre état-civil et votre date de naissance, en revanche vous êtes tout à fait libre de les vivre positivement ou négativement. Les nombres prédisposent, ils n'imposent pas.

QUELLES SONT LES APPLICATIONS DE LA NUMÉROLOGIE DANS LE MONDE MODERNE ?

Elles sont nombreuses et variées. La Numérologie est couramment utilisée aux États-Unis pour le recrutement du personnel dans les entreprises, l'orientation professionnelle, le développement optimal des carrières et l'orientation pédagogique. Elle peut aussi présider au choix d'un nom pour un produit ou une raison sociale et au choix d'un partenaire ou d'un associé par la recherche de la compatibilité des caractères. L'étude de la santé par la Numérologie commence également à s'imposer dans le domaine médical en tant que complément de diagnostic. Les résultats semblent intéressants mais ils restent encore insuffisamment exploités.

En France, la Numérologie a fait son apparition depuis peu dans le domaine public. D'abord considérée comme une mode, elle est en train de s'affirmer dans tous les domaines précités comme une discipline efficace, rapide et fiable.

CE QU'IL FAUT RETENIR POUR PRATIQUER LA NUMÉROLOGIE

Avant d'aborder la méthode, il faut prendre connaissance des quelques règles de base que voici :

1. En Numérologie, on utilise le prénom, le nom de famille - toujours celui de jeune fille pour les femmes mariées - et la date de naissance.

2. Est considéré comme nom de famille celui qui a été enregistré à l'état-civil le jour de votre naissance.

3. On ne tient compte que du prénom usuel, c'est-à-dire du premier prénom. Si vous avez un prénom composé, il faut l'utiliser en entier. Il en va de même pour votre nom.

Si les pays de langue anglaise utilisent tous les prénoms pour faire de la Numérologie, c'est tout simplement que, contrairement à nous, ils les utilisent au quotidien.

4. La Numérologie ne tient compte d'un surnom que s'il est constamment utilisé au détriment du vrai prénom *depuis la naissance.* Il faut savoir en effet que les vibrations émises par un son - votre prénom en l'occurrence - finissent par avoir une incidence sur l'évolution de votre comportement et de votre personnalité, lorsque celui-ci est répété cent fois par jour.

Les changements de nom ou de prénom pour raisons personnelle ou professionnelle - les artistes notamment - peuvent à la longue apporter des nuances au caractère, mais pas assez pour qu'on en tienne compte dans un thème numérologique.

5. La Numérologie se pratique par étapes. Si vous respectez à la lettre les cinq étapes qui suivent, vous serez très rapidement à même de décoder votre identité, d'interpréter vos nombres, d'en calculer de nouveaux et de les utiliser pour mieux maîtriser votre destin.

LA MÉTHODE

PREMIÈRE ÉTAPE

Convertissez vos lettres en nombres

Comment ? A l'aide d'une table de correspondance lettres-nombres ou *ALPHABET NUMÉRIQUE*, issu de la Kabbale hébraïque et universellement adopté par les numérologues. Il est représenté ici dans une pyramide. Cet alphabet utilise les 9 premiers nombres ainsi que le 11 et le 22 qui ont une vibration particulière et font l'objet d'une étude à part.

Pourquoi ? Parce que cela vous permet instantanément de convertir les lettres qui composent votre prénom et votre nom en nombres, c'est-à-dire de *CHIFFRER VOS LETTRES.*

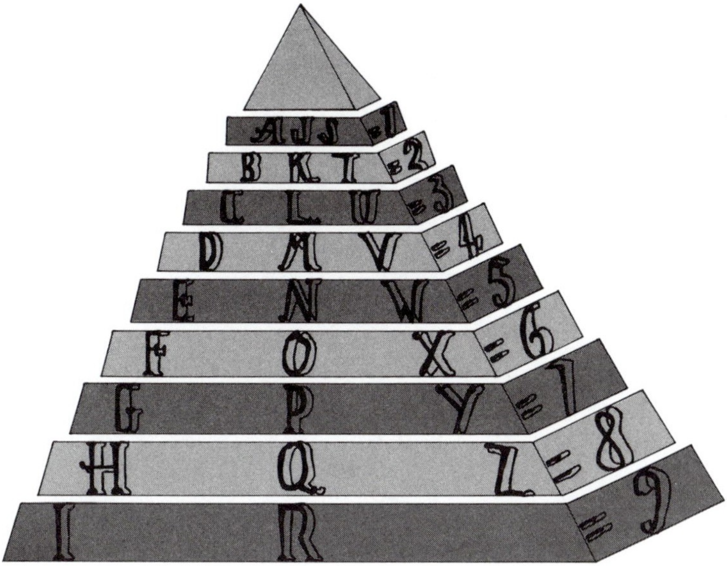

C	H	L	O	É	D	U	P	O	N	T
↓	↓	↓	↓	↓	↓	↓	↓	↓	↓	↓
3	8	3	6	5	4	3	7	6	5	2

A votre tour maintenant de convertir votre prénom et votre nom (de jeune fille naturellement) en nombres.

CAmille garmiPPa
3-1-4-9-3-3-5- 71949-3-3-1
LAETITIA NIAUX
31529295 59136 6

DEUXIÈME ÉTAPE

Faites l'inventaire de vos nombres

Comment ? A l'aide d'un graphique appelé *GRILLE D'INCLUSION,* dont l'origine est attribuée à Apollonius de Tyane, philosophe néo-pythagoricien du 1er siècle après Jésus-Christ.

Pourquoi ? Pour vous faire découvrir dans votre prénom et votre nom quels sont les nombres *PRÉSENTS* ou *DOMINANTS, EN EXCÈS* ou tout simplement *ABSENTS*. La Grille d'Inclusion comporte 9 cases que l'on affecte aux 9 nombres de base, de la manière indiquée dans la grille de référence page suivante.

Case des 1	Case des 2	Case des 3
Case des 4	Case des 5	Case des 6
Case des 7	Case des 8	Case des 9

C	H	L	O	É		D	U	P	O	N	T
↓	↓	↓	↓	↓		↓	↓	↓	↓	↓	↓
3	8	3	6	5		4	3	7	6	5	2

Il faut regarder maintenant combien de fois chaque nombre est représenté dans le nom et le prénom de Chloé Dupont et reporter cette valeur quantitative dans la case qui lui correspond. On constate déjà que :

Le Nombre 1 apparaît 0 fois

On ne met donc rien dans la case des 1.

Le Nombre 2 apparaît 1 fois

On inscrit donc 1 dans la case des 2.

Le Nombre 3 apparaît 3 fois

On inscrit donc 3 dans la case des 3.

Le Nombre 4 apparaît 1 fois

On inscrit donc 1 dans la case des 4.

Et ainsi de suite jusqu'à ce que la grille soit remplie, ce qui nous donne la grille ci-dessous :

—	1	3
1	2	2
1	1	—

Cette grille est, comme vous le voyez, très parlante. Elle permet d'un simple coup d'œil de mesurer la fréquence de chaque nombre. Par exemple, on constate que dans le nom et le prénom de Chloé Dupont :

Le Nombre 1 et le Nombre 9 sont absents
Le Nombre 3 est dominant
Les autres nombres sont présents.

Il reste maintenant à effectuer un petit contrôle destiné à éviter toute erreur de calcul. Il faut vérifier de la manière indiquée ci-dessous si le total des nombres de la grille de Chloé Dupont correspond bien au total des lettres de son état-civil.

Reprenons la grille en effectuant l'addition transversale puis verticale de tous ses nombres :

—	1	3	=	4
1	2	2	=	5
1	1	—	=	2
				11

Comparons ce résultat avec le total des lettres de ses nom et prénom :

C H L O É D U P O N T = 11 lettres = 11 nombres

Le compte est bon !

A vous maintenant de remplir votre propre grille.

TROISIÈME ÉTAPE

Les nombres en excès

Quand peut-on dire qu'un nombre est en excès dans la grille d'inclusion ? Tout simplement lorsqu'il y a surabondance de ce nombre dans une case de la grille.

A partir de quelle fréquence exactement ? Il n'y a pas de règle fixe car cela dépend de la longueur de vos nom et prénom, c'est-à-dire du nombre de lettres qui les composent. Tout est question de proportion. Dès qu'un nombre dépasse la moyenne générale des autres nombres, on dit qu'il est dominant. S'il est très au-dessus de cette moyenne, on dit qu'il est en excès. Toutefois, les numérologues ont établi une *GRILLE DE RÉFÉRENCE « IDÉALE »* pour un nom et un prénom français composés de 18 lettres. La voici :

Case des 1 2	Case des 2 2	Case des 3 2
Case des 4 2	Case des 5 4	Case des 6 2
Case des 7 1	Case des 8 1	Case des 9 2

On constate que l'idéal pour un nom de 18 lettres est d'avoir : 2 lettres de valeur 1 - 2 lettres de valeur 2 - 2 lettres de valeur 3 - 2 lettres de valeur 4 - 4 lettres de valeur 5 - 2 lettres de valeur 6 - 1 lettre de valeur 7 - 1 lettre de valeur 8 et 2 lettres de valeur 9.

Vous voyez que l'on tolère une moyenne nettement plus forte pour les lettres E et N c'est-à-dire pour la case des 5 car leur fréquence est particulièrement élevée dans les noms français et notamment les prénoms.

A vous maintenant d'évaluer vos nombres en excès, en tenant compte toutefois du nombre de lettres de votre état-civil qui ne comporte pas nécessairement 18 lettres.

3	/	5
2	1	/
1	-	3

9 et 5

Quelle est la signification d'un nombre en excès ? Sachant que toute qualité, lorsqu'elle est excessive, devient un défaut, on peut imaginer que la surabondance d'un nombre confère une valeur négative à la signification de base de ce nombre. La faculté de commandement du nombre 1 se transforme en tyrannie, la capacité de collaboration du nombre 2 en soumission, le contact facile du 3 en superficialité, etc.

Peut-on corriger ses nombres en excès ? Naturellement chaque nombre porte en lui une dualité dans la mesure où il est porteur de tendances à la fois positives et négatives. Et il bascule dans un sens ou dans un autre suivant sa fréquence dans votre nom. Mais à partir du moment où la Numérologie vous fait découvrir quels sont vos nombres en excès ou absents, c'est-à-dire vos points faibles, tout devient plus facile. La connaissance étant, vous le savez, le commencement de la sagesse, vous pouvez entreprendre de rétablir l'équilibre de vos nombres. Vous en avez à la fois la possibilité et la liberté. Vous comprenez dès lors pourquoi vous pouvez vivre mieux si vous connaissez et utilisez vos nombres à bon escient. Votre grille d'inclusion est immuable, certes, mais vous pouvez lutter contre les aspects négatifs d'un nombre. C'est en vivant vos nombres de façon positive que vous vous créerez un destin positif. Ne l'oubliez pas !

En somme, si vos nombres peuvent être à la fois positifs et négatifs, à vous de rebondir du bon côté !

QUATRIÈME ÉTAPE

Ces absents qui n'ont pas toujours tort : les Karmas

Loin d'être dévalorisants, malgré leur apparence négative, les Karmas vous stimulent en vous donnant la possibilité de vous améliorer. Un Nombre absent dans la grille d'inclusion génère ce que l'on appelle en Numérologie un *KARMA* ou une *LEÇON KARMIQUE.*

Qu'est-ce qu'un Karma ? Un Karma représente une leçon à apprendre. Une leçon qui va exiger de vous un effort pour suivre une voie déterminée ou surmonter certains obstacles. Mais c'est en vous contraignant à dépasser ce Karma, à l'effacer si je puis dire, que cet effort va vous permettre de vous améliorer. Il faut donc accepter les leçons du Karma en les considérant comme de réelles chances de progresser et d'évoluer.

En résumé : sachez que la vie vous met un jour ou l'autre en situation, pour ne pas dire dans l'obligation, de combler vos lacunes c'est-à-dire d'éponger vos Karmas. Vous vous trouvez ainsi amené à comprendre votre leçon, à l'apprendre et c'est pour vous une chance unique d'évoluer. Telle est la loi du Karma et nul ne peut y échapper.

Reprenons l'exemple de Chloé Dupont : les Nombres 1 et 9 sont absents de sa grille. On dit qu'elle a deux Karmas ou qu'elle est *karmique en* 1 et en 9.

Case des 1 —	Case des 2 1	Case des 3 3
Case des 4 1	Case des 5 2	Case des 6 2
Case des 7 1	Case des 8 1	Case des 9 —

Attention ! Vous trouverez le plus souvent un ou plusieurs Karmas dans votre grille. Notez bien que si ces nombres sont présents dans l'un de vos postes-clés suivants - « Moi Profond », Personnalité, Réalisation, Actif - cela atténue l'intensité de votre Karma. Par contre, si un Karma se retrouve au nombre de votre Chemin de Vie, il peut constituer un certain handicap pour effectuer ce parcours. Vous comprendrez pourquoi en lisant les Nombres-Clés et le Chemin de Vie, page 45 et suivantes.

Cherchez quels sont vos Karmas.

3	1	5
2	1	1
1	1	3

9 7 8

CINQUIÈME ÉTAPE

Décodez et interprétez vos nombres

Vos lettres étant désormais chiffrées, inventoriées et classées, vous vous trouvez confronté à une série de nombres qui n'évoquent encore rien pour vous. Il est temps de les faire vibrer, de les laisser s'exprimer donc de les décoder et de les interpréter.

Comment ? En vous révélant leur signification fondamentale et profonde. Pour ce faire, la Numérologie s'appuie sur la symbolique traditionnelle des nombres mais tout le vocabulaire qui s'y rattache est naturellement adapté aux exigences de la vie pratique actuelle.

Dans les pages qui suivent, chaque nombre est représenté dans une pyramide. A droite, vous trouverez la signification in extenso du nombre lorqu'il est *PRÉSENT* ou *DOMINANT* dans votre grille d'inclusion et au centre la signification de ce même nombre lorsqu'il est *EN EXCÈS*. Enfin, à gauche se trouve la leçon karmique que vous devez apprendre si ce nombre est *ABSENT* de votre grille.

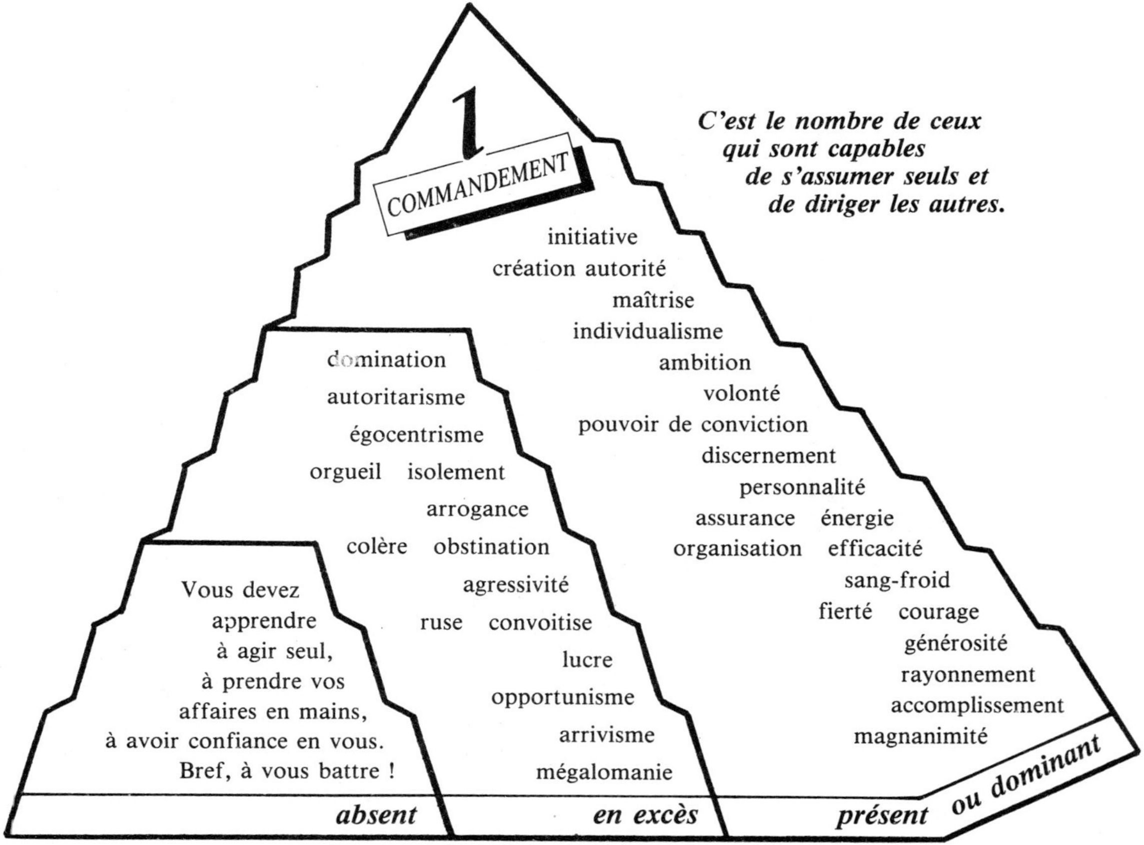

C'est le nombre de ceux qui sont capables de s'assumer seuls et de diriger les autres.

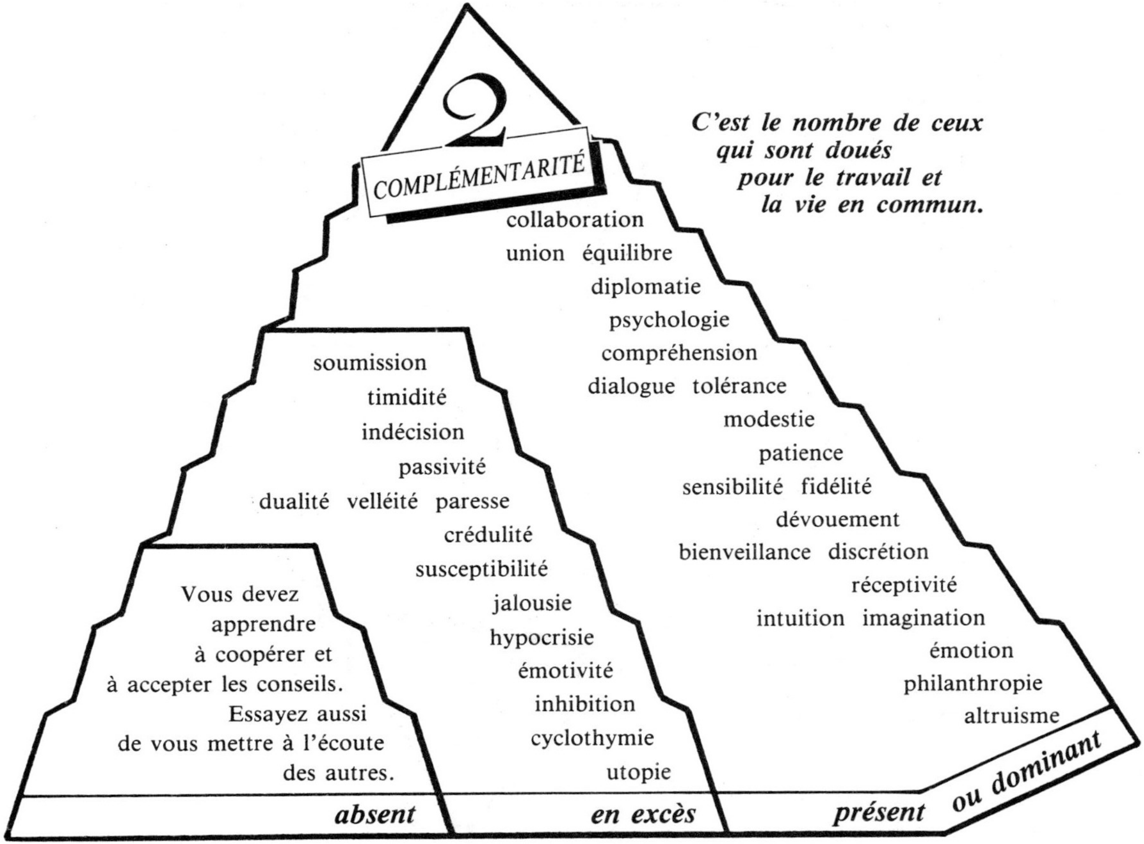

C'est le nombre de ceux qui sont doués pour le travail et la vie en commun.

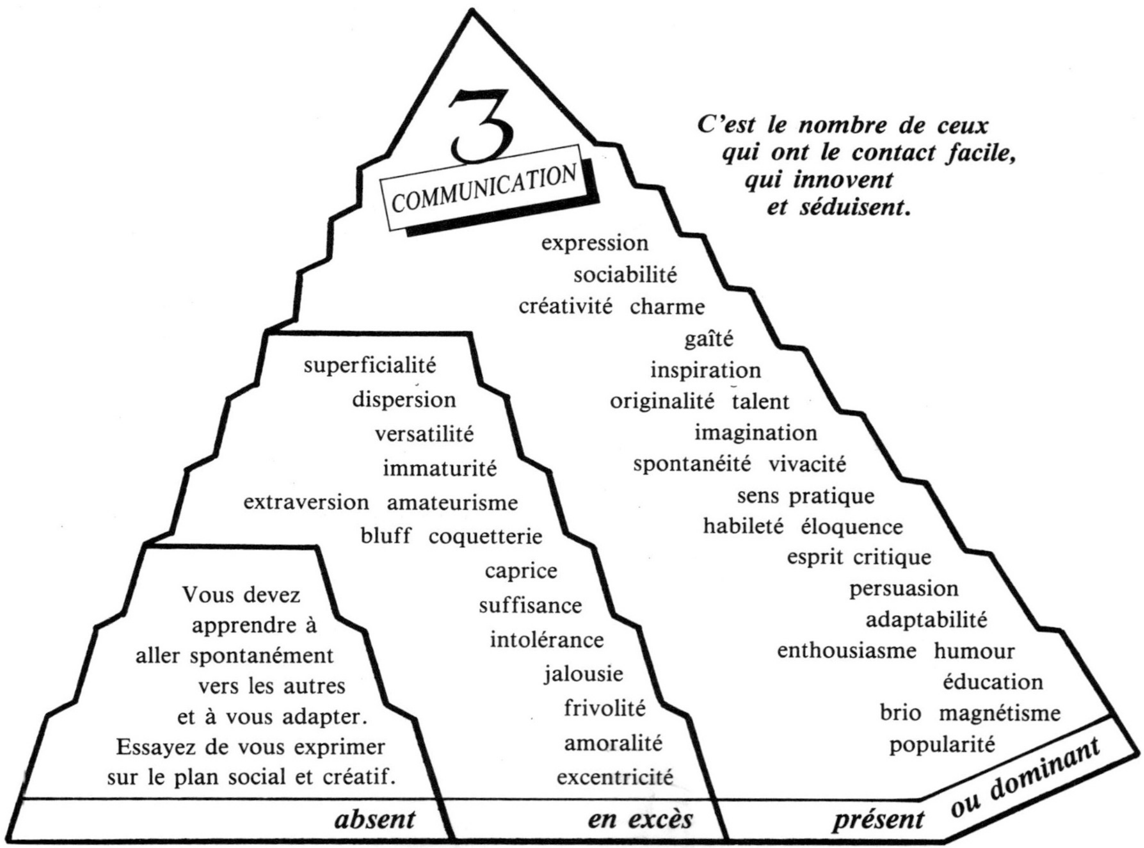

C'est le nombre de ceux qui ont le contact facile, qui innovent et séduisent.

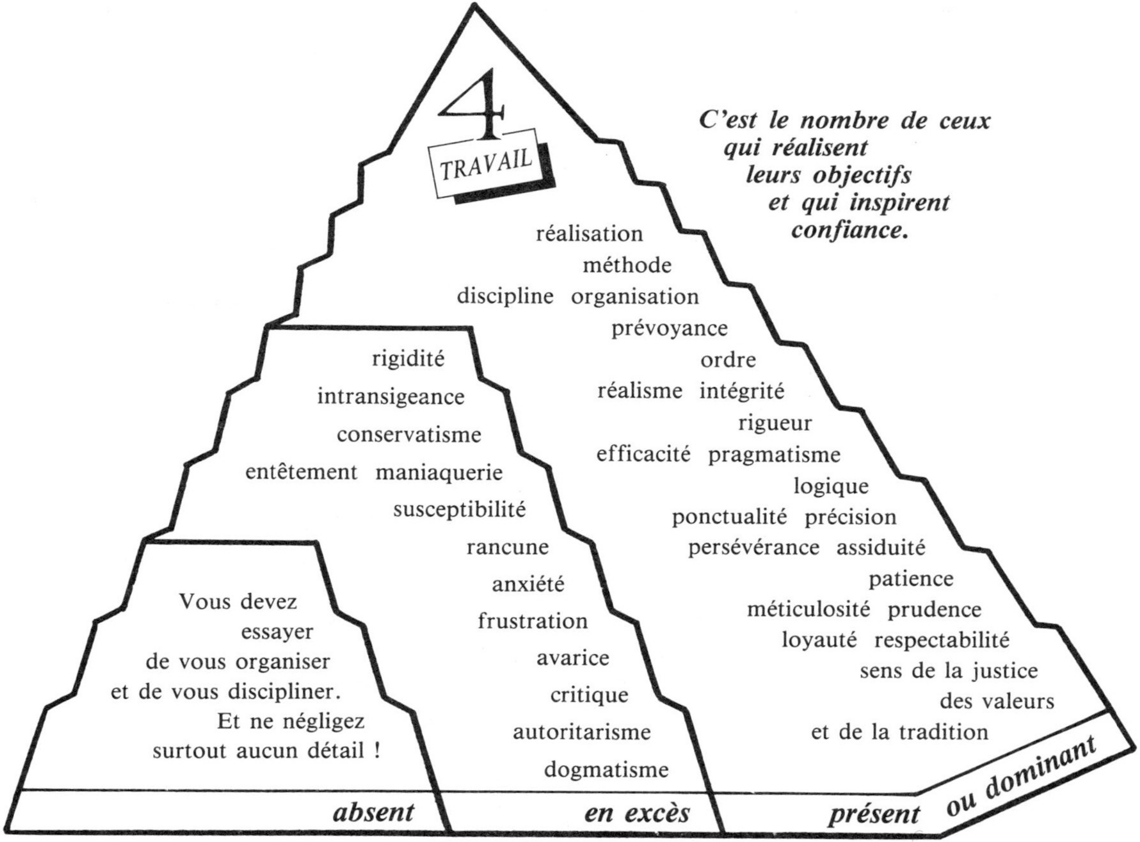

C'est le nombre de ceux qui réalisent leurs objectifs et qui inspirent confiance.

5 LIBERTÉ

C'est le nombre de ceux qui veulent tout découvrir, tout connaître et qui ne supportent pas les contraintes.

présent ou dominant

indépendance
mobilité
curiosité changement
intrépidité
aventure
audace
perspicacité intuition
adaptabilité
sociabilité
anti-conformisme
créativité
esprit intelligence
imagination
originalité
insouciance optimisme
magnétisme
éclat dynamisme
chance

en excès

instabilité
irresponsabilité
dispersion
ostentation impulsivité
imprudence
versatilité
manque de scrupules
irritabilité
jalousie
claustrophobie
angoisse
extrémisme
débauche

absent

Vous devez apprendre à vous adapter à toutes les situations. Essayez de lutter contre la sédentarité et l'indolence.

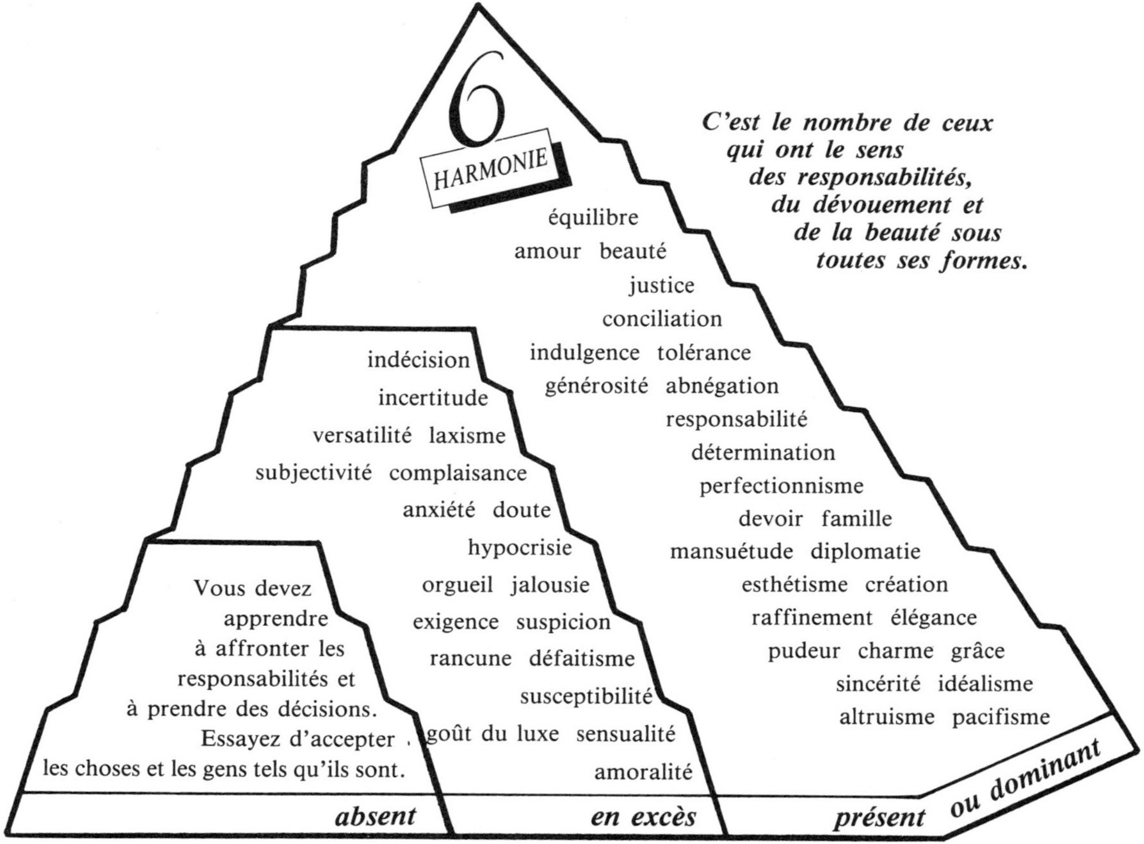

C'est le nombre de ceux qui ont le sens des responsabilités, du dévouement et de la beauté sous toutes ses formes.

C'est le nombre de ceux qui réfléchissent, cherchent et créent.

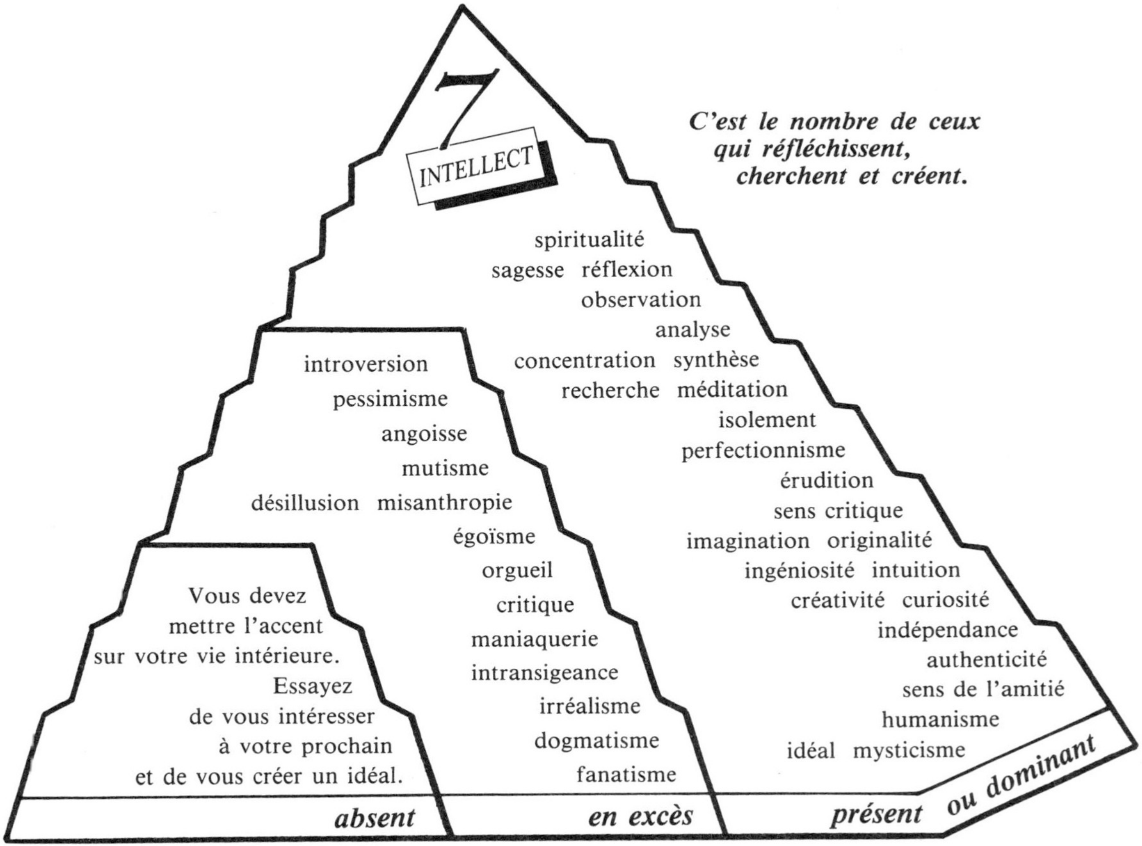

C'est le nombre de ceux pour qui la vie est une aventure qui mène au pouvoir et au succès.

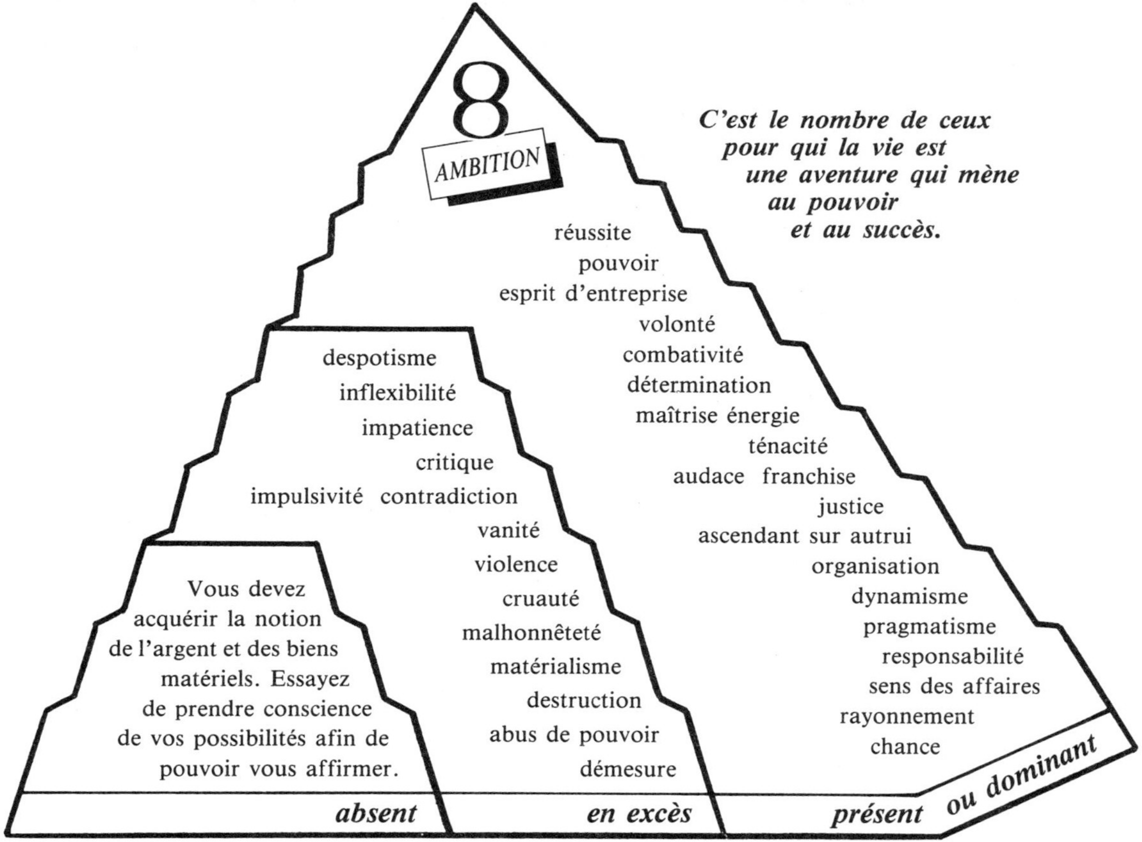

C'est le nombre de ceux qui ont un idéal et s'intéressent à l'humain.

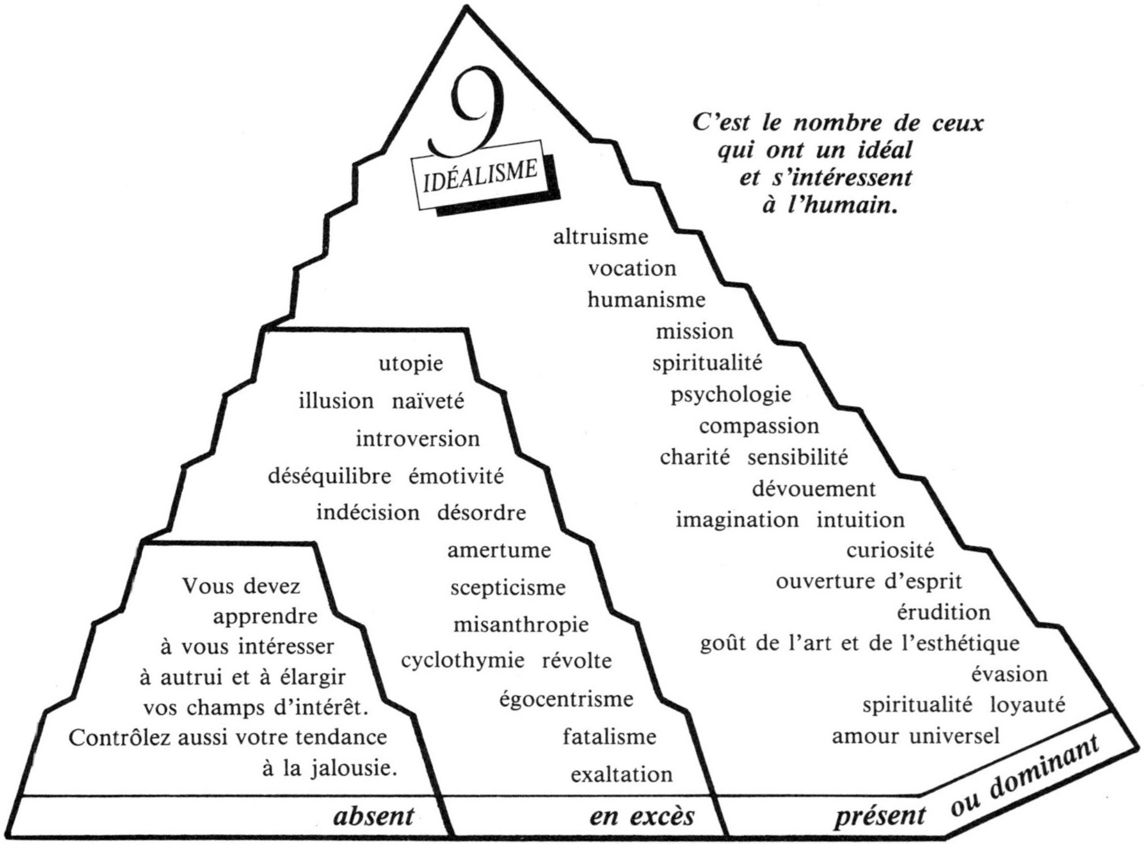

LES MAÎTRES-NOMBRES 11 ET 22

Bien que la Numérologie utilise seulement la gamme des neufs premiers nombres, elle fait une *exception pour le 11 et le 22* qu'elle crédite du nom de MAÎTRES-NOMBRES. Pourquoi ? Parce que ces nombres émettent des vibrations très puissantes qui leur donnent une dimension et un impact particuliers.

Les personnes qui ont un ou plusieurs de ces deux nombres dans leur thème numérologique sont donc à priori favorisées par la nature car ceux-ci leur octroient des qualités ou des dons souvent exceptionnels. Mais ils doivent savoir que ces nombres sont très difficiles à « vivre » et à assumer car ils exigent, en retour, de leurs heureux bénéficiaires des qualités tout aussi exceptionnelles. En effet, ces nombres doivent impérativement être vécus dans le mode positif car, à l'inverse, ils peuvent s'avérer très destructeurs.

En fait, la majorité des heureux élus, notamment les 22, ne vit pas ces nombres à leur véritable tempo mais plutôt comme une vibration proche du 4. Et ceux qu'il est convenu d'appeler les *vrais 22*, ne le deviennent pas avant la maturité - vers la quarantaine - c'est-à-dire lorsqu'ils sont à même de maîtriser et d'exploiter pleinement les vibrations de leur nombre.

Il convient donc d'être extrêmement prudent lorsqu'on rencontre un maître-nombre dans son thème, c'est-à-dire de l'analyser par rapport aux autres éléments du thème et surtout de ne pas crier d'emblée au génie ou à la folie... De toutes façons, avant trente ans et même quarante, votre 11 et surtout votre 22 seront, sauf rares exceptions, vécus comme un 2 et un 4. Ces nombres risquent même jusque là de vous sembler plus frustrants que glorieux. Un peu comme des ailes qui auraient poussé trop tôt... Il faut donc, lorsque vous rencontrez l'un de ces maîtres-nombres dans votre thème avant la maturité, les interpréter comme un 2 et un 4.

Néanmoins, si vous vous rangez dans cette catégorie privilégiée, sachez que la Providence a mis à votre disposition un potentiel hors du commun. Et, si vous savez l'apprécier à sa juste valeur et l'utiliser de manière optimale, vous ne manquerez pas de « décoller » tôt ou tard.

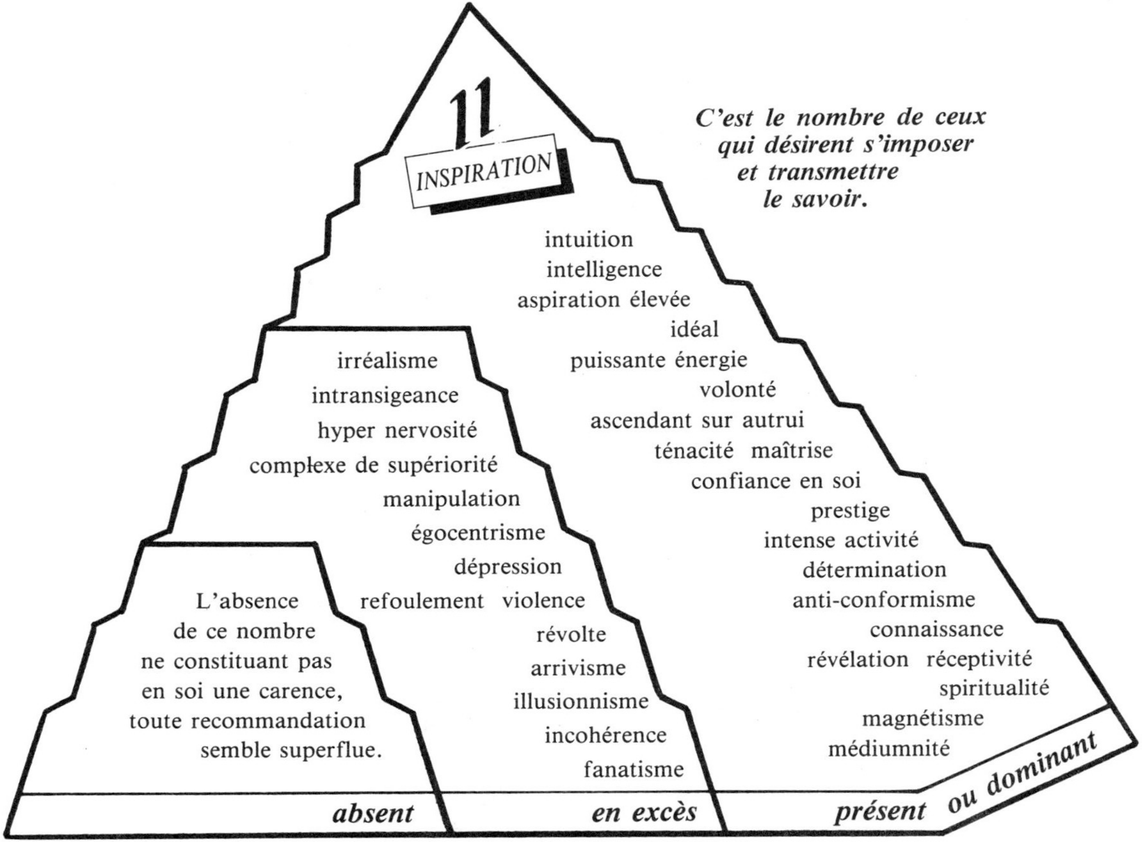

C'est le nombre de ceux qui désirent s'imposer et transmettre le savoir.

22 CRÉATION

C'est le nombre des visionnaires qui aspirent à bâtir et créer pour la communauté.

présent ou dominant

idéalisme
invention
universalité génie
illumination
grandeur
maîtrise
élévation
puissance de travail
passion
ambition démesurée
rayonnement
puissance créatrice
construction d'envergure
magnétisme curatif
médiumnité
guérison

en excès

irréalisme
tyrannie
extravagance
égocentrisme
hyperémotivité
opportunisme
provocation
aveuglement
mythomanie
démesure
charlatanisme
destructuration du mental

absent

L'absence de ce nombre ne constituant pas en soi une carence, toute recommandation semble superflue.

VOS NOMBRES-CLÉS

Vous savez maintenant convertir, inventorier et interpréter vos nombres. Vous êtes donc à même d'effectuer de véritables calculs numérologiques qui vont vous faire découvrir de nouveaux nombres, VOS NOMBRES-CLÉS, ceux qui sont fondamentaux pour la connaissance de votre « moi ».

Ces nombres sont :
Le NOMBRE DU « MOI PROFOND »
Le NOMBRE DE RÉALISATION
Le NOMBRE DE PERSONNALITÉ
Le NOMBRE ACTIF
Le NOMBRE D'HÉRÉDITÉ.

Ces cinq nombres se calculent à partir des *LETTRES* de votre état-civil : voyelles, consonnes ou totalité des lettres de vos nom et prénom. Ils forment l'architecture de votre personnalité.

Un sixième et dernier nombre - le CHEMIN DE VIE - se calcule, lui, à partir de votre *DATE DE NAISSANCE*. Il représente l'itinéraire que vous devez suivre au cours de votre existence.

Vos Nombres-Clés constituent votre bagage personnel, celui que vous avez reçu à votre naissance, toutes qualités et faiblesses confondues. Il faut essayer d'utiliser au mieux ces nombres car ils seront vos compagnons de chaque jour sur cette route qui vous est assignée, votre Chemin de Vie.

Mais avant d'aborder l'étude de chacun de ces nombres, il reste à vous faire découvrir ce que l'on appelle la *RÉDUCTION THÉOSOPHIQUE*.

Vous savez que la Numérologie utilise la gamme des 9 premiers nombres, ainsi que le 11 et le 22. Il est évident que si l'on additionne tout ou partie des lettres qui composent un prénom et un nom, on obtient un total supérieur à 9. Il faut donc « réduire » ce total à un nombre compris entre 1 et 9, sauf s'il s'agit d'un 11 ou d'un 22. Comment ? En effectuant une opération très simple appelée Réduction Théosophique.

Reprenons l'exemple de Chloé Dupont :
C H L O E D U P O N T
3 8 3 6 5 4 3 7 6 5 2 = 52
52 = 5 + 2 = 7

Vous additionnez les nombres obtenus après conversion
Vous obtenez un nombre à deux chiffres
Vous réduisez ce nombre jusqu'à obtention d'un nombre compris entre 1 et 9. Si le premier nombre obtenu est encore supérieur à 9, vous le réduisez à nouveau.

Vous ne réduisez jamais un 11 ou un 22.

Attention, vous les mathématiciens ! le nombre 9 doit impérativement être pris en compte dans toutes les additions de nombres, au risque de fausser les résultats.

Autres exemples :
39 = 3 + 9 = 12 = 1 + 2 = 3
20 = 2 + 0 = 2
38 = 11 (on ne réduit pas).

La Réduction Théosophique sert de fondement à tout calcul numérologique.

LE NOMBRE DU « MOI PROFOND »

Véritable « Miroir de votre âme », il représente l'élan le plus profond et le plus secret de votre être.

Le Nombre du « Moi Profond » exprime vos aspirations les plus profondément enracinées en vous-même, les plus intimes, celles que vous ressentez sans pour autant les exprimer. C'est sous la pulsion de cette force intérieure que vous donnez une certaine orientation à votre existence. Le nombre du « *Moi Profond* » gouverne plus précisément votre univers affectif.

Comment le calculer ? En chiffrant toutes les *VOYELLES* de votre *PRÉNOM* et de votre *NOM* (de jeune fille pour les femmes mariées) à l'aide de l'alphabet numérique qui suit, en les additionnant et en réduisant la somme ainsi obtenue à un nombre compris entre 1 et 9, sauf s'il s'agit d'un 11 ou d'un 22.

Alphabet numérique	Exemple :
A J S = 1	
B K T = 2	C H L O É D U P O N T
C L U = 3	6 5 3 6 = 20
D M V = 4	20 = 2 + 0 = 2
E N W = 5	
F O X = 6	*Le Nombre du « Moi Profond »*
G P Y = 7	de Chloé Dupont est le **2**.
H Q Z = 8	
I R = 9	

Calculez le vôtre :

6

Votre Nombre du « Moi Profond » est le **1**

Vous désirez être le meilleur, vous affirmer seul et réussir par vos propres moyens, faisant vôtre cette devise « un seul maître à bord ». Vous êtes donc un individualiste-né. Et si vous avez besoin du concours des autres, vous prenez la direction des opérations en leur laissant le soin de s'occuper des détails pour mieux vous consacrer à l'essentiel et prendre les initiatives qui s'imposent. Vous avez d'ailleurs tout le savoir-faire et l'habileté nécessaires et vous ne détestez pas qu'on vous en fasse compliment. Un conseil : ne confondez pas autorité et domination et ne présumez pas trop de vos forces.

Votre Nombre du « Moi Profond » est le 2

Vous avez besoin de travailler avec et pour les autres. Vous aspirez donc à vous intégrer dans une structure associative où vous trouverez l'équilibre et la sécurité morale et financière que vous recherchez. En échange, vous apporterez à votre entourage ces précieuses qualités que sont la sociabilité, la patience et le dévouement. Éminemment philanthrope, vous recherchez dans votre vie privée la paix, l'amour et l'amitié. Curieux de tout, doué d'une grande sensibilité, vous devez d'autant plus veiller à ne pas vous laisser dominer par vos émotions ni assaillir par le doute.

Votre Nombre du « Moi Profond » est le 3

Votre nature optimiste et sociable vous porte instinctivement vers les autres. Vous favorisez donc les contacts et les rencontres qui vous permettent de vous exprimer et de communiquer. Très artiste, vous aspirez à exercer une activité qui laisse libre cours à votre imagination et votre originalité. Vous aimez séduire et répandre la bonne humeur autour de vous et vous y réussissez sans peine. Mais, très sensible à votre image de marque, vous avez tendance à être susceptible et influençable. Restez donc naturel, c'est ce qui vous sied le mieux.

Votre Nombre du « Moi Profond » est le 4

Construire et fonder dans le respect de la tradition, telle est votre devise. Vous travaillez donc avec acharnement, régularité et méthode et vous agissez avec prudence et réflexion. Épris de morale et de justice, vos mots d'ordre demeurent « Travail, Famille, Patrie ». Très soucieux de votre respectabilité, vous aspirez à fonder un foyer sur des bases solides. Tant de vertus sont dignes d'éloges à condition qu'elles ne deviennent pas contraignantes pour votre entourage. Alors, montrez-nous plus souvent ce que vous vous ingéniez à nous cacher, à savoir que vous avez un cœur « gros comme ça » !

Votre Nombre du « Moi Profond » est le 5

Vivre libre et indépendant, chercher, expérimenter, telles sont vos motivations. Amoureux du mouvement et du changement, vous prenez la vie comme elle vient. Carpe diem... Vous êtes attiré par les nouvelles expériences et les situations insolites. Les voyages vous passionnent et les nouvelles connaissances vous intriguent. Refusant de vous laisser enfermer dans les contraintes d'une vie sédentaire ou de vous soumettre à l'influence de quiconque, vous êtes un incorrigible aventurier du cœur et de l'esprit. Mais, je vous préviens, chez vous quand il y a de la casse, elle fait mal...

Votre Nombre du « Moi Profond » est le 6

Votre vocation est d'apporter le bonheur aux autres et vous mettez tout en œuvre pour accomplir cette mission. Vous cherchez donc à créer autour de vous un climat de paix et d'harmonie et à faire partager votre éthique de vie. Conciliant, compréhensif, indulgent, vous protégez et sécurisez ceux que vous aimez en les servant avec un dévouement inégalable. Pour éviter les conflits, vous êtes prêt à faire n'importe quelle concession. Il est vrai que votre équilibre général passe par votre équilibre sentimental et affectif. Très vénusien, vous avez un sens inné de la beauté et l'art de créer un cadre raffiné et confortable pour vous et votre entourage. Mais, je vous en prie, soyez moins excessif et ne « surprotégez » pas les vôtres au risque de les étouffer et même d'empiéter sur leur vie privée.

Votre Nombre du « Moi Profond » est le 7

Apprendre pour le seul plaisir de savoir, étudier, chercher, expérimenter, voilà ce que vous aimez. Un grand pouvoir de concentration et un sens critique aigu vous permettent d'approfondir tout ce que vous entreprenez. Vous avez besoin de silence et de paix pour méditer ou réfléchir et vous ne vous livrez pas facilement. Très sensible et intuitif, vous êtes en quête d'une certaine vérité d'ordre spirituel. Foncièrement indépendant, vous supportez mal certaines structures, ce qui vous fait parfois passer pour un être asocial. En fait, vous n'aimez pas le côté fictif des choses car vous êtes authentique. Ceci ne vous autorise pas à négliger toute considération d'ordre matériel, à vous montrer distrait ou étourdi et, à la limite, égoïste !

Votre Nombre du « Moi Profond » est le 8

Vous briguez la réussite et le pouvoir et vous êtes prêt à tout mettre en œuvre pour les atteindre. Il faut dire que vous êtes servi par une énergie intense, une personnalité hors du commun et une ambition impressionnante. Vous aimez créer, gérer, innover et vous êtes fait pour commander. Vous ne supportez aucune hiérarchie à moins que vous ne l'ayez vous-même mise en place et que vous ne soyez à sa tête... Vous êtes donc ce que l'on appelle un sacré caractère et un leader-né. Par contre, il vous faut absolument vous entourer de garde-fous car vous flirtez parfois avec la tyrannie, l'arrivisme et même la violence...

Votre Nombre du « Moi Profond » est le 9

Qu'elles soient matérielles, spirituelles ou humanitaires, vos aspirations sont toujours nobles. Vous avez besoin de poursuivre un idéal ou de réaliser votre vocation. Vous mettez votre énergie au service d'une cause à laquelle vous vous dévouez sans relâche, quitte à vous y sacrifier entièrement. Si vous vous mobilisez pour la recherche philosophique ou la quête de la connaissance en général, c'est pour mieux transmettre et faire partager aux autres le fruit de vos expériences et de vos découvertes. Hélas ! vous pouvez aussi pêcher par excès d'idéalisme parce que vous croyez trop en la possibilité d'un monde meilleur et vous vous transformez alors en Don Quichotte... A moins que vous ne versiez dans le scepticisme ou la désillusion.

Si le ciel vous a gratifiés d'un nombre 11 ou 22, je vous recommande à nouveau d'interpréter ces deux nombres avec une extrême prudence et au besoin de relire le chapitre des maîtres-nombres pages 39 et 40, car mon but n'est ni de vous aduler ni de vous stigmatiser mais de vous aider à découvrir votre véritable « Moi Profond ».

Votre Nombre du « Moi Profond » est le 11

Sous l'impulsion de ce maître-nombre, vous ressentez le besoin impérieux de vous imposer, ne serait-ce que parce que vous vous sentez doublement motivé par la répétition du nombre 1. Vos ambitions pourraient paraître démesurées si vous n'étiez apte à les concrétiser du fait de votre exceptionnelle force morale et physique. Vous souhaitez faire partager vos idéaux et vos convictions et aussi divulguer vos connaissances. Votre magnétisme personnel peut grandement vous aider dans cette tâche. Mais ce louable désir ne doit pas s'inscrire dans une optique de domination ni de supériorité car vous tomberiez alors dans le despotisme ou le fanatisme.

Votre Nombre du « Moi Profond » est le **2**

Il se peut que vous ayez des visées universelles qui vous poussent à réaliser des projets ambitieux dans le seul but de servir l'humanité. Une intuition exceptionnelle et un magnétisme hors du commun vous incitent à relever de tels défis. Parfois visionnaire et relié au plan cosmique, vous pouvez servir de canal à vos semblables et leur transmettre le message de l'univers. Plus concrètement, et c'est déjà une entreprise considérable, vous aspirez à devenir un superman ou une superwoman tous azimuts ! Une telle énergie reste toujours difficile à maîtriser, même à l'âge adulte. Gardez-vous donc des projets ou des entreprises extravagantes car elles pourraient vous mener à votre perte.

LE NOMBRE DE RÉALISATION

Il détermine votre aptitude à vous réaliser sur le plan pratique et professionnel.

Le Nombre de Réalisation permet de déceler vos facultés et vos aptitudes concrètes et par conséquent de vous orienter vers le secteur d'activités où elles pourront s'épanouir le plus harmonieusement et utilement.

Comment le calculer ? En chiffrant toutes les *CONSONNES* de votre *PRÉNOM* et de votre *NOM* (de jeune fille), en les additionnant et en réduisant la somme ainsi obtenue à un nombre compris entre 1 et 9, sauf s'il s'agit d'un 11 ou d'un 22.

Alphabet numérique				
A	J	S	=	1
B	K	T	=	2
C	L	U	=	3
D	M	V	=	4
E	N	W	=	5
F	O	X	=	6
G	P	Y	=	7
H	Q	Z	=	8
I	R		=	9

Exemple :

C H L O É D U P O N T
3 8 3 4 7 5 2 = 32

32 = 3 + 2 = 5

Le Nombre de Réalisation de Chloé Dupont est le **5**.

Calculez le vôtre :

9

Votre Nombre de Réalisation est le **1**

C'est dans une activité indépendante ou à un poste de direction que vous vous réaliserez le mieux car vous aimez commander, organiser et même vous distinguer. Doué du sens de l'organisation et de l'esprit de synthèse, vous êtes taillé pour assumer des responsabilités et prendre des décisions. Vous avez une forte personnalité et savez imposer vos idées. Des idées qui bouillonnent car vous êtes à la fois un concepteur et un réalisateur avisé, bref un pionnier ! Mais, sachez bien que ce « one man show » n'est possible que parce qu'en coulisses, on roule pour vous...

Votre Nombre de réalisation est le 2

Vous faites partie de ceux qui préfèrent participer et coopérer que diriger. Très psychologue et doué d'une imagination fertile, vous êtes tout désigné pour vous réaliser à un poste de conseiller, de confident ou de collaborateur. Votre diplomatie innée peut aussi être pleinement exploitée dans un rôle de médiateur mais, quoi que vous fassiez, l'essentiel pour vous est de travailler en association ou en équipe. C'est là que vous donnerez la pleine mesure de vos talents. Et des talents auxquels il faut croire. Alors, faites-les valoir, sortez de votre réserve en oubliant vos complexes et imposez-vous !

Votre Nombre de Réalisation est le 3

Vous avez la chance de pouvoir embrasser de nombreuses carrières car vos capacités sont multiples. Seule condition, éviter la routine. C'est naturellement dans la profession qui privilégie les contacts humains et les relations publiques que vous serez le plus à l'aise. En effet, vous avez de l'éloquence, le sens de la persuasion et surtout une étonnante facilité d'adaptation. Vous pouvez donc « faire un tabac » dans la politique, le commerce, la publicité ou les médias. Sans oublier votre indéniable pouvoir créatif qui vous ouvre les portes de l'écriture, du journalisme ou de la mode. Une seule recommandation : allez au fond des choses car vous risquez de vous cantonner dans le superficiel et l'éphémère.

Votre Nombre de Réalisation est le 4

Partout où l'on vous demande d'organiser et d'administrer vous pouvez répondre présent car vous avez l'esprit d'analyse et le sens de l'ordonnance et de la concertation. Vous vous épanouirez toujours dans un contexte hiérarchique où vous saurez faire valoir vos qualités de contrôle et de discipline.

Dans le domaine de la technique et de la comptabilité, votre application et votre précision feront merveille. Vous êtes le chantre du travail constructif et patient et si votre réussite est le plus souvent lente et progressive, elle n'est en revanche jamais hypothétique. Trop exigeant pour vous-même, vous risquez de l'être avec les autres, et surtout vous pardonnez difficilement la moindre erreur ou imprudence.

Votre Nombre de Réalisation est le 5

A l'instar du 3, vous pouvez réussir à peu près dans tous les domaines mais à condition de le vouloir et de vous y tenir. Vous écarterez donc les carrières qui a priori favorisent les projets et les réalisations à long terme pour vous concentrer sur celles qui vous permettent de vous renouveler. Sans doute donnerez-vous le meilleur de vous-même dans toutes les activités qui font appel à la création ou qui exigent de la diplomatie, du charme et du brio. D'une manière générale, je ne saurais trop vous recommander de vous discipliner et de vous responsabiliser car cette réputation de touche-à-tout risque de vous nuire à la longue.

Votre Nombre de Réalisation est le 6

Votre sens inné du service vous prédispose à exercer une fonction à responsabilités. Consciencieux et même scrupuleux, vous êtes capable d'aller jusqu'au bout des obligations que vous avez contractées. Doué pour les transactions et les accords, on peut aisément vous confier une mission d'arbitrage ou de négociation. Votre idéalisme et votre sens humanitaire vous permettent également d'embrasser une carrière sociale ou médicale. Enfin, vous excellerez dans n'importe quel domaine artistique. Malgré cette polyvalence ô combien enviable, on ne vous le répétera jamais assez : ayez confiance en vous car vous n'êtes limité que par vous-même et vos doutes. Ne vous effacez pas devant les autres et sachez saisir votre chance !

Votre Nombre de Réalisation est le 7

La nature vous a doté d'une intelligence à la fois conceptuelle et concrète. Les sphères intellectuelles, philosophiques ou scientifiques vous sont donc largement ouvertes. Vous réussirez également dans les professions actives et indépendantes qui font appel à l'imagination, l'originalité et l'esprit d'invention. Votre pouvoir d'investigation et votre sens du diagnostic peuvent aussi être très appréciés dans le domaine de la recherche. En somme, tout passe chez vous par le filtre de votre réflexion et vous frôlez souvent la perfection. Mais quand vous devenez pointilleux ou maniaque, on ne s'en sort plus...

Votre Nombre de Réalisation est le 8

Votre intérêt, votre passion si j'ose dire, pour tout ce qui touche au domaine matériel et concret, notamment à l'argent, vous propulse le plus souvent vers les secteurs financiers. Organisateur hors pair et excellent gestionnaire, vous êtes destiné aux plus hautes qualifications dans l'industrie, la finance, le monde des affaires et les professions à risques. Vous inspirez confiance, vous avez des nerfs d'acier et un potentiel vital exceptionnel. Curieusement, votre ascension n'est pas toujours régulière, elle intervient même souvent de façon rapide et par à-coups. Enfin il vaut mieux éviter de s'associer avec vous car vous n'êtes pas disposé à céder une once de pouvoir... Un bon conseil surtout, ne sacrifiez jamais votre entourage à vos intérêts !

Votre Nombre de Réalisation est le 9

Nombre de dévouement et d'humanisme, le 9 vous entraîne

volontiers vers les chemins ardus du service désintéressé à autrui. Il vous dirige donc vers les carrières médicales, sociales ou celles de l'enseignement. Vos qualités de jugement et d'analyse peuvent aussi être pleinement mises à profit dans le domaine de la psychologie ou du droit. Mais c'est aux affaires internationales que vous exploiterez le mieux votre potentiel intellectuel car votre large vision des problèmes et des événements, aiguisée par une fine intuition, trouvera là un cadre à sa mesure. Sans parler de toutes ces professions médiatiques, celles de l'audiovisuel, du théâtre ou de la politique où l'on vous retrouve au sommet. Mais vous savez bien que rien ne vous est impossible si vous y croyez vraiment... Veillez cependant à ce que votre charisme ne se transforme pas en abus de pouvoir !

Faites encore et toujours preuve de prudence et de lucidité à l'égard de ces deux nombres !

Votre Nombre de Réalisation est le 11

Vous n'êtes pas limité dans vos actions car vous jouissez d'une énergie créatrice supérieure à la moyenne et d'un grand ascendant sur autrui. Vous avez une vision globale de toutes choses qui vous permet de dominer ou de maîtriser les situations. Très performant, vous pouvez donc accéder au plus haut niveau dans la direction des affaires, la politique, la recherche de pointe ou la haute technologie. S'associer avec vous est une entreprise périlleuse car, même si vous êtes capable de négocier et de discuter, vous supportez mal la contradiction et entendez rester le maître d'œuvre. D'autre part, vous êtes souvent obsédé par la réussite, or celle-ci ne devrait pas devenir une fin en soi...

Votre Nombre de Réalisation est le 22

Si vous vivez ce nombre comme un vrai 22 et non un 4, vous êtes un être d'exception promis à une carrière d'exception. Vous avez non seulement le génie de la création mais aussi celui de la concrétisation. Les réalisations les plus ambitieuses sont à votre portée et par corollaire le prestige et la gloire. Toutes les orientations vous sont favorables : politique, affaires internationales, structures économiques, scientifiques ou littéraires. Peu importe à condition de vous y installer à la cime. Une intuition de visionnaire vous permet aussi de vous diriger vers toutes les sciences occultes et notamment vers les professions réclamant du magnétisme. Enfin, il arrive que certains 22, investis d'une mission particulière, reçoivent le don d'utiliser ce nombre constructeur et universel pour devenir de grands bâtisseurs de l'humanité. Mais, attention ! S'il est bien connu que la frontière qui sépare le génie de la folie est souvent mal délimitée, on ne s'étonnera pas que ce nombre ait généré les plus grands génies comme les fous et les mystificateurs les plus dangereux de l'histoire.

LE NOMBRE DE PERSONNALITÉ

« Miroir des apparences », il est l'image que vous donnez aux autres de vous-même.

Le Nombre de Personnalité représente l'expression de votre caractère avec ses qualités exprimées ou latentes et ses faiblesses. Il permet de connaître votre comportement vis-à-vis des autres et des événements. Il vous exprime donc dans votre globalité, ce qui lui donne une importance capitale dans votre thème numérologique.

Il représente la synthèse de votre Nombre du « Moi Profond » et de votre Nombre de Réalisation puisqu'il résulte du calcul de toutes les lettres de votre nom et de votre prénom. Il se compose du Nombre Actif - nombre de votre prénom - qui représente votre capital personnel et du Nombre d'Hérédité - nombre de votre nom - qui constitue votre capital génétique légué par vos ascendants.

Comment le calculer ? En chiffrant toutes les *LETTRES* de votre *PRÉNOM* et de votre *NOM*, en les additionnant et en réduisant la somme ainsi obtenue à un nombre compris entre 1 et 9, sauf s'il s'agit d'un 11 ou d'un 22.

Alphabet numérique	Exemple :
A J S = 1	
B K T = 2	C H L O É D U P O N T
C L U = 3	3 8 3 6 5 4 3 7 6 5 2 = 52
D M V = 4	52 = 5 + 2 = 7
E N W = 5	
F O X = 6	*Le Nombre de Personnalité* de
G P Y = 7	Chloé Dupont est le **7**.
H Q Z = 8	
I R = 9	

Calculez le vôtre :

Votre Nombre de Personnalité est le 1

Caractère et comportement

Très individualiste, déterminé, ambitieux et dynamique, vous avez un grand besoin d'action. Novateur, créateur, vous vous passionnez pour des projets d'envergure et comptez sur vos seules ressources pour les mener à bien. Votre énergie alliée à une intelligence vive et efficace vous permet le plus souvent d'accéder à cette première place que vous briguez et qui seule, selon vous, pourra vraiment mettre en valeur vos capacités. La chance, facteur de réussite non négligeable, est souvent au rendez-vous dans la vie des nombres 1 mais il faut dire que vous savez la provoquer. N'oubliez cependant jamais que le pouvoir ne doit en aucun cas justifier l'arrogance et le manque de scrupules.

Sentiments

C'est vous qui choisissez vos amis ou votre partenaire, de préférence parmi les gens que vous pouvez dominer. Généreux et passionné vous l'êtes, mais aussi jaloux et possessif. Et si l'on vous trahit vous pouvez devenir intraitable. De toutes façons, il vaut mieux être avec vous que contre vous car vous êtes impitoyable avec vos ennemis.

Argent

Naturellement vous n'aimez pas les demi-mesures. Au quotidien, ou vous achetez ce qu'il y a de plus beau ou vous n'achetez rien. Vous aimez l'argent pour le pouvoir qu'il donne plus que pour le plaisir de posséder ou par goût du luxe. Vous pouvez aussi bien gagner une fortune un jour que la perdre le lendemain.

Votre Nombre de personnalité est le 2

Caractère et comportement

Vous recherchez la compagnie, vous êtes coopératif et vous préférez collaborer que gérer. Très intuitif et psychologue, toujours disposé à prodiguer vos conseils et vos services avec bienveillance et loyauté, vous finissez toujours par vous rendre indispensable. Et puis votre charme, votre tact et votre indulgence facilitent vos rapports dans tous les domaines. Vous avez le sens de la hiérarchie et savez faire respecter les ordres. Vous prenez vos décisions calmement et après mûre réflexion. Mais ce calme apparent recèle souvent une nervosité voire une angoisse existentielle qui peut vous rendre cyclothymique ou introverti.

Sentiments

Vous vous épanouissez tout naturellement dans l'union sous quelque forme que ce soit car vous détestez la solitude et recherchez l'affection et la tendresse. Mais ne soyez pas trop naïf ni romanesque car, lorsque vous êtes déçu, vous vous repliez sur vous-même ou bien vous devenez caustique, ce qui vous fait souffrir encore plus...

Argent

Si le nombre 1 est cigale, vous pouvez imaginer ce qu'est le 2. Engrangeant petit à petit telle la fourmi, sans prendre de risques inutiles, il se constituera un capital non négligeable et surtout sans aléa. En fait l'argent ne le passionne pas vraiment. Par contre, qu'il se méfie de sa générosité car les escrocs ou tout simplement les indélicats rôdent...

Votre Nombre de Personnalité est le 3

Caractère et comportement

Vous possédez un don rare et précieux qui est le bonheur d'exister et vous aimez le partager avec les autres. Votre compagnie est donc très recherchée car vous savez communiquer votre enthousiasme, déployer votre charme et faire preuve d'humour et de savoir-vivre. Doué d'un sens critique aigu mais aussi de souplesse et de générosité, vous savez porter sur les gens et les choses un jugement lucide mais néanmoins nuancé dans son expression. Sauf, lorsqu'il vous arrive d'être pédant... Vos centres d'intérêt sont multiples et vos talents artistiques polyvalents car vous êtes servi par une imagination débordante et une forte originalité. Bref, vous avez une personnalité séduisante, riche et variée, mais ce n'est pas une raison pour vous disperser.

Sentiments

Très indépendant mais aimant être aimé, vous pouvez être aussi à l'aise dans le rôle d'époux que celui de célibataire. Dans le premier, vous rechercherez plutôt un mariage brillant où vous serez d'ailleurs un partenaire loyal et un père ou une mère attentionné. Dans le second - qui l'eût cru ? - vous multiplierez les conquêtes et les expériences amoureuses. Prenez garde aux excès de frivolité et de sensualité !

Argent

Impulsif dans vos achats, vous êtes plutôt dépensier mais par ailleurs très généreux. Vous aimez le plaisir matériel que peut procurer l'argent et votre chance innée peut vous permettre d'en gagner au jeu... N'en abusez pas !

Votre Nombre de Personnalité est le 4

Caractère et comportement

Vos principales qualités sont l'intégrité, l'ordre et la rigueur. Avec vous c'est donc du solide et on sait où l'on va. Pragmatique et persévérant, vous faites en sorte d'atteindre contre vents et marées le but que vous vous êtes fixé. De même, vous défendez vos convictions avec ferveur et ténacité. Vous êtes plutôt méfiant vis-à-vis des autres et de la vie en général et vous avez un sens aigu de la justice et de la loyauté. L'imprévu vous décontenance, ce qui vous fait tout organiser à l'avance dans les moindres détails. De là à vous traiter de maniaque... Disons qu'il est louable de se montrer prudent et scrupuleux mais modérément.

Sentiments

Vous cachez bien votre jeu car vous pouvez fort bien être animé de sentiments intenses et profonds mais votre pudeur vous interdit toute démonstration affective. Ennemi du coup de foudre, bien sûr, vous êtes la droiture même lorsque vous avez pris votre décision. La construction du couple et du foyer fait partie de vos priorités.

Argent

Sans être passionné par l'argent, il vous intéresse dans la mesure où il vous apporte la sécurité. Vous êtes donc un adepte de l'épargne et savez très bien gérer votre patrimoine. Au quotidien vous avez le sens de l'économie et vous faites surtout vos achats avec beaucoup d'habileté.

Votre Nombre de Personnalité est le 5

Caractère et comportement

Vous avez un appétit de vivre et une curiosité qu'une énergie inépuisable vous permet heureusement de satisfaire. Vous pensez, décidez, agissez à cent à l'heure, servi par une vive intelligence mais le plus souvent au mépris de tout danger ce qui amène chez vous de fréquentes remises en cause. Brillant en société, perspicace, original, votre diplomatie vous rallie toutes les sympathies. Parfois un peu caméléon tout de même... D'humeur capricieuse, vous pouvez en un instant passer du rire aux larmes. Est-ce trop vous demander de bannir ou tout au moins de tempérer cette versatilité qui altère votre crédit et risque de gâcher un potentiel hors du commun ?

Sentiments

Plutôt inconstant en amitié, bien que généreux et attentionné, vos relations sont généralement fugaces. En amour, vous êtes plus sensuel que sentimental et il n'est pas rare que vous soyez un peu volage. Il faut dire que vous vous enflammez tellement facilement... Est-ce à dire que vous êtes irrémédiablement voué au célibat ? Nenni, car si vous trouvez le compagnon ou la compagne qui respecte votre indépendance, vous saurez très bien lui être fidèle malgré les apparences...

Argent

Votre prodigalité est égale à celle dont vous faites preuve en amour. La notion de gains matériels, la possession, tout cela vous dépasse un peu. Et votre générosité naturelle n'arrange rien. Vous aussi, il vous faudra peut-être danser un jour...

Votre Nombre de Personnalité est le 6

Caractère et comportement

Vos qualités fondamentales sont le sens aigu du devoir et des responsabilités et l'amour de la famille. D'ailleurs vos qualités de Saint-Bernard ne sont plus à démontrer. Si l'on a besoin d'être écouté, réconforté, encouragé, c'est vers vous que l'on se tourne car on vous sait disponible, juste et bon. Vous avez aussi les aptitudes requises pour assumer une vie sociale que vous affectionnez tout particulièrement : diplomatie, sociabilité, savoir-vivre ! Mais ne frisez pas l'hypocrisie sous prétexte de ne contrarier personne... De plus, vous êtes doué d'une grande sensibilité artistique qui fait de vous un esthète et un adepte du confort. Mais vous avez tendance à manquer de rigueur pour vous-même et à vous complaire dans une sorte de confortable facilité. Enfin, vous si apte à résoudre les problèmes des autres, vous êtes souvent incapable de prendre les décisions qui vous incombent. Suprême ambiguïté...

Sentiments

Vous aimez la compagnie mais vous choisissez vos amis plutôt par affinité esthétique. Vous aimez plaire et vous en prenez les moyens. Cœur d'artichaut dans votre jeunesse, la science et les plaisirs de l'amour n'ont plus de secret pour vous. Mais vous avez toujours besoin d'être rassuré par des démonstrations d'affection. L'âge aidant, vous devenez souvent un partenaire raffiné et équilibré qui a l'esprit de couple et surtout un incommensurable instinct paternel ou maternel.

Argent

Il n'est pas à proprement parler votre fait car vous n'êtes pas ambitieux. Mais vous pouvez être un gestionnaire avisé et surtout votre flair en matière de talent artistique, votre « nez », peut vous faire acquérir des œuvres d'art qui s'avèreront peut-être plus tard des placements de premier ordre.

Votre Nombre de Personnalité est le 7

Caractère et comportement

Vous êtes très actif et indépendant. Vous aimez voyager aussi bien par le corps que par l'esprit à seule fin de satisfaire votre boulimie de connaissances. Doué d'un sens aigu de l'analyse et de l'observation, investigateur infatigable, vous avez un grand pouvoir de réflexion qui vous pousse à l'introspection. Votre originalité vous incite souvent à vous réaliser en dehors des structures et des sentiers battus. Votre terreur de la routine peut vous faire parfois subitement changer d'orientation sans préambule. Très sensible et même généreux sous votre cuirasse plutôt froide et secrète, vous n'arrivez pas à manifester vos sentiments et passez souvent pour un misanthrope. Vos affinités sont d'ailleurs toujours d'ordre intellectuel car vous avez une perception très subtile des choses et des gens. Mais votre sens de l'ironie peut être parfois décapant voire destructeur...

Sentiments

Vous avez un sens précieux de l'amitié profonde et durable mais vous préférez le calme de votre bureau à l'agitation des salons. Sur le plan sentimental, il est plutôt difficile à marier le 7... A moins qu'il ne se soit offert son coup de foudre très jeune. Mais si vous respectez son indépendance et si vous êtes disposé à donner plus qu'à recevoir, il peut être un compagnon fidèle, patient et loyal. Et puis, il peut vous réserver d'excellentes surprises dans le secret de l'alcôve...

Argent

Il n'est pas votre préoccupation majeure bien que vos capacités vous procurent des situations très enviables. Prudent et peu dépensier, il vous arrive cependant de faire des petites folies...

Votre Nombre de Personnalité est le 8

Caractère et comportement

Une force intérieure peu commune et une résistance physique à toute épreuve font que vous vous impliquez totalement dans tout ce que vous faites et que vous réussissez pratiquement tout ce que vous entreprenez. Il est vrai que votre ambition vous galvanise et que les obstacles décuplent votre courage et votre combativité. Vous avez le don de convaincre et de persuader et de surcroît il émane de votre personne un magnétisme qui emporte finalement l'adhésion des plus sceptiques. Surtout n'utilisez pas ce don à des fins despotiques ou extrêmistes car vous pourriez devenir dangereux. Votre seule lacune réside dans votre manque de diplomatie car la franchise ne justifie en aucun cas l'intransigeance et encore moins l'inflexibilité. Dans la mesure du possible, le nombre 8 doit être vécu positivement car ses vibrations négatives sont souvent destructrices.

Sentiments

Ce ne sont ni votre courtoisie ni votre sociabilité qui attirent les autres vers vous mais bien l'admiration sans bornes qu'ils vous portent. Sentimental vous ne l'êtes pas bien sûr, mais passionné et loyal, certes. En amour, vous êtes très impétueux voire impatient car vous aimez les conquêtes rapides. Et dans le couple, si vous trouvez l'âme sœur qui vous accepte tel que vous êtes et supporte votre tempérament exclusif et jaloux, vous pouvez être un partenaire prévenant et même séduisant.

Argent

Vous êtes le surdoué de tous les nombres. Grand brasseur d'affaires, vous recherchez tous les investissements rentables et avez un flair particulier pour les détecter. Dans la vie courante, vous n'êtes pas particulièrement dépensier ni prodigue pour vos proches car pour vous l'argent demeure avant tout un outil de spéculation plus que de satisfaction personnelle.

Votre Nombre de Personnalité est le 9

Caractère et comportement

Vous êtes un idéaliste et un philanthrope qui déborde souvent de compassion pour la misère humaine. Votre nombre étant celui de l'érudition ne l'oublions pas, vous éprouvez un grand besoin de découvrir et de comprendre, notamment par les voyages. Vous êtes donc attiré par l'étranger mais aussi... par l'étrange. De là votre penchant pour les sciences occultes qui favorise d'autres voyages, ceux de l'esprit. Il faut dire que vous êtes hyperintuitif, presque doué d'un sixième sens. Votre personnalité riche et complexe est parfois difficile à cerner. La passion qui sommeille en vous déclenche parfois des accès d'humeur et des réactions aussi imprévues qu'originales qui contrastent avec votre attitude habituelle plutôt réservée et distante. Enfin vous souffrez parfois d'un décalage entre la noblesse de vos aspirations et la médiocrité de la réalité, ce qui génère chez vous déception et pessimisme. Essayez d'être plus réaliste, moins rêveur aussi !

Sentiments

Vous êtes rempli d'attention et de prévenance pour vos amis et votre famille mais vous êtes malheureusement trop peu disponible pour eux du fait de l'éventail de vos activités. Une fois de plus vous en souffrez... Vous êtes un grand sentimental et même un romantique qui réclame des preuves d'amour mais qui n'est pas démonstratif.

Argent

Ce domaine ne relève pas particulièrement de votre compétence. Et comme d'autre part vous êtes d'un naturel généreux, vous confierez de préférence la gestion de vos finances à votre conjoint ou à qui de droit.

Votre Nombre de Personnalité est le 11

Caractère et comportement

Si vous êtes un *vrai 11*, la vibration de ce nombre vous octroie l'inspiration et la maîtrise qui sont deux puissants vecteurs de réussite. Vous avez une intelligence remarquable, le charisme d'un leader et ce plus qui vous démarque des autres, une prodigieuse intuition. Sous cette vibration, vous pouvez tout aussi bien vous lancer à la conquête d'un idéal que vouloir régner en maître sur les autres et vous imposer par la force et la manipulation. Éternel choix des maîtres-nombres... Malgré ces atouts et cette assurance apparente, vous avez besoin d'être entouré, reconnu et même admiré. En réalité, vous cachez une grande fragilité dûe à votre hypersensibilité et il arrive que vos nerfs surmenés ne résistent pas au traitement de choc que vous leur infligez en permanence. Alors vous « craquez ». Mais vous vous relevez aussi vite que vous êtes tombé. Dame, si quelqu'un d'autre prenait votre place ! Cher 11, efforcez-vous de vivre votre nombre positivement car ses aspects négatifs peuvent s'avérer particulièrement dévastateurs pour les autres aussi bien que pour vous-même et vous pouvez à la limite devenir votre pire ennemi. Une seule et flagrante illustration du choix de vie offert aux 11 : Hitler et Sainte-Thérèse de l'Enfant Jésus étaient tous les deux des 11.

Sentiments

Pas facile d'être l'ami du 11, d'abord parce qu'il est très sélectif dans ses amitiés, ensuite parce qu'il refuse le plus souvent toute discussion. Mais fascinant tout de même de par le magnétisme qu'il dégage. Dans sa vie de couple, inutile de dire que son partenaire devra faire preuve d'une force peu commune pour faire face à son caractère s'il ne veut pas être transformé en paillasson !

Argent

Ses rapports avec l'argent, à l'instar de ses rapports sentimentaux peuvent s'avérer grandioses ou scabreux suivant la façon dont il s'affirme sous la vibration de ce nombre.

Votre Nombre de Personnalité est le 22

Caractère et comportement

Avec ce maître-nombre tout est hors norme car il regroupe l'énergie de tous les nombres qui le précèdent. Il donne à ceux qui le portent des pouvoirs illimités et la possibilité de concrétiser les objectifs les plus grandioses. Les *vrais 22* ont en effet une personnalité et des dons hors du commun : vision universelle des situations, puissance de travail prodigieuse, autorité incontestable et incontestée. Utilisés à bon escient, ces pouvoirs peuvent engendrer de grands serviteurs de la communauté capables de marquer leur époque. Mais il va sans dire que ces dons de la Providence constituent une arme à double tranchant, particulièrement redoutable si la vibration du nombre est vécue à son véritable tempo. Et même si vous ne vibrez pas à ce top niveau, il faut savoir que le 22 est très lourd à porter. La première difficulté consiste à vous faire accepter et comprendre par les autres parce que vous les surprenez et les déroutez. La deuxième à maintenir un équilibre qui reste précaire jusqu'à l'âge adulte c'est-à-dire tant que vous n'avez pas vraiment « décollé ». La pleine maîtrise de ce nombre est une révélation qui se mérite et reste tardive. Mais qui que vous soyez ou deveniez un jour, vous les 22, géants ou simplement brillants, captez le flux positif de votre nombre, mettez-le au service des autres ou transmettez-le généreusement pour le bienfait de tous. Car la mégalomanie, l'excentricité ou un fol égocentrisme peuvent souvent être source d'agitation mentale et conduire à l'aveuglement. Savez-vous que Napoléon Bonaparte avait un 22 comme Nombre de Personnalité, issu lui-même d'un Nombre Actif 11 et d'un Nombre d'Hérédité 11 !

Sentiments

S'il est souvent difficile de fréquenter un 11 au quotidien, vivre avec un 22 relève de la gageure... Comme sa vie sentimentale est souvent à la mesure de sa vie professionnelle, on imagine quels trésors d'habileté et d'inspiration, bref quels talents son partenaire doit déployer pour le séduire et surtout pour le conserver. De toute manière, n'espérez jamais avoir des rapports traditionnels avec un 22 car sa dimension est telle qu'un seul être ne peut lui suffire. Mais si l'expérience vous tente, vous pouvez vivre des moments inoubliables !

Argent

Avec un véritable 22, peut-on parler d'argent ? Il est tellement au-dessus de ces contingences bassement matérielles ! Quoi qu'il en soit, les rapports de n'importe quel 22 avec l'argent sont toujours des rapports de haute volée. Il lui en faut et il en aura car il sait en gagner. Quoi de plus naturel !

LE NOMBRE ACTIF OU NOMBRE DE VOTRE PRÉNOM

Il est la « locomotive » qui entraîne dans sa course à travers l'existence les trois Nombres-Clés qui forgent votre personnalité.

Du *Nombre Actif* se dégage une forte énergie qui lui a valu ce qualificatif bien particulier. Ce nombre, qui est celui de votre prénom, est en effet capital puisqu'il a été choisi spécialement pour vous et qu'il sert à vous différencier des autres membres de votre famille. On considère que les vibrations émises par un prénom, lorsqu'il est prononcé cent fois par jour, finissent par influencer le comportement et la personnalité de celui qui le porte.

On estime qu'il compte environ pour 1/3 dans l'expression globale du Nombre de Personnalité. C'est dire l'importance que lui concèdent les numérologues. Au niveau du Nombre du « Moi Profond » et du Nombre de Réalisation, où seules les voyelles ou les consonnes entrent en jeu, il est également d'usage de lui octroyer un poids particulier, une influence *active*.

Comment le calculer ? En additionnant la valeur numérique de toutes les *LETTRES* qui composent votre *PRÉNOM*

Exemple :
C H L O É
3 + 8 + 3 + 6 + 5 = 25 = 7
Le *Nombre Actif* de Chloé Dupont est le **7**.

Notez que si vous avez un prénom composé tel que Marie-Bernadette par exemple, il faut prendre en considération la totalité des lettres composant les deux prénoms pour obtenir le Nombre Actif.

Calculez le vôtre :

Votre Nombre Actif est le 1

Vous avez hérité ce désir de réussite et de gloire en même temps que cette hardiesse qui alimentent les projets et facilitent les réalisations. Rapide et efficace, vous passez à l'acte dans les plus brefs délais. Motivé par votre élan et votre enthousiasme, vous savez à votre tour motiver ceux qui vous entourent mais vous avez tendance à sous-estimer leurs mérites. Alors, au lieu de vous draper dans votre dignité, essayez d'écouter les autres et si possible de suivre leurs conseils.

Votre Nombre Actif est le 2

On retrouve dans ce nombre votre penchant naturel pour les rôles de coulisses qui requièrent tant de vertu mais qui vous évitent d'affronter la lumière des projecteurs. Votre heure de gloire, vous la vivez toujours à travers la réussite de l'autre et votre ascension personnelle est lente mais régulière. Vous avez besoin d'une raison de vivre, d'un tuteur en quelque sorte et c'est pourquoi vous privilégiez la dimension affective. Mais il faut toujours vous mettre en garde contre vos tendances velléitaires et un certain lymphatisme.

Votre Nombre Actif est le 3

Vous disposez d'aptitudes très variées qui facilitent grandement votre insertion sociale. Vous êtes à votre affaire en priorité dans les contacts et les échanges de toutes sortes car vous avez un caractère expansif et beaucoup de diplomatie. Votre esprit vif et enjoué vous destine à une vie sociale active. Et votre ambition jointe à votre esprit combatif peut fort bien vous amener un jour aux rivages de la célébrité. Pour cela il faut bannir l'amateurisme et surtout votre vanité...

Votre Nombre Actif est le 4

Vous êtes né pour faire œuvre durable et vous utilisez votre énergie réalisatrice jusqu'à l'entêtement pour accomplir votre destin. Vous en aurez d'ailleurs besoin car votre chemin est souvent entravé par les obstacles, les retards et les atermoiements. Mais vous sentez d'instinct que votre meilleur allié est le temps et vous savez en faire un gage de succès. Essayez néanmoins de ne pas vous attarder trop en route !

Votre Nombre Actif est le 5

Votre trajectoire sera pluridirectionnelle et marquée par de nombreuses mutations. Votre agilité d'esprit facilite grandement votre intégration dans tous les milieux sociaux et culturels. Et si le sens de l'observation vous fait parfois défaut, vous jouissez en revanche du privilège de l'inspiration et de la fécondité. Ce tempérament aux multiples facettes, tour à tour aussi à l'aise dans le plus subtil des arbitrages que dans l'aventure la plus audacieuse, vous fait apparaître comme un personnage attachant mais néanmoins fluctuant et complexe...

Votre Nombre Actif est le 6

Votre équilibre passe par le service d'autrui. Doué d'un sens aigu de la concertation et d'une grande spontanéité, vous êtes toujours prêt à vous battre pour défendre les bonnes causes et multiplier les démarches humanitaires. Vous êtes aussi un créateur doué d'une grande sensibilité, d'une bonne intuition, pouvant vous exprimer dans des œuvres tout à fait personnelles et originales. L'esthétisme prime chez vous au point que vos relations sont souvent basées sur des affinités plastiques. Mais n'exigez pas trop de vous-même ni des autres.

Votre Nombre Actif est le 7

Vous trouvez vos satisfactions dans la recherche et l'étude car vous avez une très grande maturité intellectuelle. Outre que vous alliez l'esprit d'analyse à celui de synthèse, vous bénéficiez, chose rare, d'une étonnante capacité d'action et d'une bonne dose d'originalité. Vous êtes donc un novateur, un créateur et un actif. Votre nombre étant imprégné de spiritualité, vous recherchez volontiers la sagesse et le développement de votre vie intérieure. Méfiez-vous qu'un engagement religieux ou politique ne vous mène, à l'extrême, au fanatisme !

Votre Nombre Actif est le 8

Vous avez un caractère entier. Une énergie puissante et constructive vous guide vers des entreprises d'envergure que vous réalisez le plus souvent avec succès. Votre sens inné de la stratégie et votre maîtrise vous encouragent à exploiter ces succès qui, à leur tour, en génèrent d'autres, vous garantissant cette prospérité qui fait de vous un être envié. Le revers de cette médaille dorée est la lutte incessante que vous devez mener pour vous maintenir au pinacle.

Votre Nombre Actif est le 9

Dans l'absolu, ce nombre est celui de l'apostolat. Vous faites en sorte de ne pas utiliser votre énergie à des fins de pouvoir personnel pour la mettre au service d'un intérêt d'ordre universel. Vous refusez d'accepter les compromis et de vous dérober aux sollicitations extérieures que vous considérez comme une source d'enrichissement. Dans la réalité, il vous est parfois difficile de réajuster vos idéaux sans y perdre vos illusions ou verser dans la misanthropie.

Votre Nombre Actif est le 11

Ceux qui ont hérité ce nombre puissant chargé d'une connotation spirituelle sont dotés d'une forte inspiration créatrice qui peut les amener à embrasser de vastes idéaux. Certains êtres atteignent cette dimension universelle. Dans un contexte plus proche de la réalité, on peut dire que vous jouissez d'un capital intellectuel et intuitif au-dessus de la moyenne. Vous vous sentez concerné par tout ce qui touche à l'humain, le progrès social et la diffusion de la vérité. Comme le goût du matérialisme risque de freiner votre évolution, ne vous laissez pas obséder par la réussite et le pouvoir. Ils peuvent en effet vous conduire à un déséquilibre psychique tout à fait préjudiciable.

Votre Nombre Actif est le 22

Être d'élite, grand bâtisseur, votre capacité à atteindre un objectif est pratiquement illimitée car vous avez le pouvoir de transformer votre inspiration créatrice en réalisation concrète. Cette vibration, encore supérieure à celle du 11, peut vous investir d'une mission qu'il vous faudra accomplir sur cette planète pour le seul bienfait de l'humanité. Même si vous vivez ce nombre à un diapason inférieur, ce qui est pratiquement toujours le cas les vrais 22 étant rarissimes, vous bénéficierez de qualités peu communes et vous vous réaliserez à un niveau supérieur.

LE NOMBRE D'HÉRÉDITÉ

Véritable « capital départ » que vous ont légué vos ancêtres, il trace votre route.

Le Nombre d'Hérédité représente les acquis génétiques, les tendances familiales qui vous ont été transmises par votre nom de famille. Sans avoir l'impact de votre Nombre Actif, il peut néanmoins fortement influencer votre évolution.

Comment le calculer ? En additionnant la valeur numérique de toutes les *LETTRES* qui composent votre *NOM DE FAMILLE*.

Exemple :
D U P O N T
4 + 3 + 7 + 6 + 5 + 2 = 27 = 9

Le Nombre d'Hérédité de Chloé Dupont est le **9**.

Et le vôtre ?

6

Votre Nombre d'Hérédité est le 1

C'est vous qui êtes suivi et non vous qui suivez les autres car ils se laissent volontiers entraîner par votre énergie et votre faculté d'entreprendre. Curieux, inventif, opportuniste, vous tranchez sans la moindre hésitation même si vous devez le regretter par la suite et subir seul - eh oui ! - les affres du doute. Mais on ne vous refera pas n'est-ce pas ? Avec vous, c'est toujours tout ou rien.

Votre Nombre d'Hérédité est le 2

Vous incarnez la sociabilité et la tolérance, qualités qui font de vous un partenaire apprécié à tous les niveaux. Quel mérite quand on sait ce que ce calme apparent recouvre de nervosité et d'hésitation ! On vous reproche souvent d'être l'éternel second ? Qu'importe si c'est vous l'éminence grise ! Et vous en avez toutes les capacités.

Votre Nombre d'Hérédité est le 3

Tous les publics vous seront acquis d'avance car vous savez allier l'originalité à l'habileté pour les séduire. Vous êtes ambitieux, passionné et paré de nombreux dons mais si vous n'apprenez pas à les canaliser on vous dira encore que vous êtes superficiel... Et puis, n'utilisez pas ce sens aigu de la critique qui est en lui-même une qualité, à des fins de critique systématique !

Votre Nombre d'Hérédité est le 4

Une énergie bien structurée et une grande puissance de travail font de vous un administrateur et un technicien inégalables. Votre prudence et votre réserve sont parfois interprétées, à tort d'ailleurs, comme un manque d'ambition. J'y verrais plutôt de l'anxiété dûe à un excès de conscience professionnelle. Alors, faites preuve d'un peu d'imagination et de fantaisie et je vous garantis le résultat !

Votre Nombre d'Hérédité est le 5

Vous n'aurez pas trop de toute une vie pour tenter toutes les expériences que votre insatiable curiosité réclame et réaliser tous les projets que votre imagination élabore. Mais gare à cette inconstance et cet anti-conformisme que votre diplomatie innée ne suffit pas toujours à compenser ! Et puis, ce tohu-bohu permanent n'est parfois qu'un prétexte pour cacher vos angoisses métaphysiques...

Votre Nombre d'Hérédité est le 6

Vous êtes doué pour le bonheur, surtout celui d'autrui, et la beauté sous toutes ses formes. Spontanéité, esprit de famille et sensibilité esthétique sont pour cela vos atouts majeurs. Si vous réussissiez à être mieux armé pour la vie en étant plus déterminé et en même temps moins exigeant, ce serait l'extase !

Votre Nombre d'Hérédité est le 7

Vos aspirations sont d'ordre plus intellectuel et métaphysique que pratique. Original, imaginatif, fin psychologue, votre richesse intérieure est souvent le meilleur garant de votre indépendance. Mais attention, cette dernière rime souvent avec solitude et la solitude est propice aux angoisses et aux remises en question...

Votre Nombre d'Hérédité est le 8

Vous foncez tête baissée vers des victoires qui se soldent parfois par des échecs mais qu'importe puisque vous en acceptez le risque ! Vous êtes souvent craint et même jalousé, et on vous dit surtout préoccupé par les aspects matériels de l'existence. En fait, vous pouvez tout aussi bien être attiré par des questions d'ordre spirituel ou humanitaire mais toujours de manière exclusive. Essayez donc de vous souvenir que l'exercice du pouvoir est avant tout lié à la sagesse et la sérénité.

Votre Nombre d'Hérédité est le 9

Vous êtes en perpétuelle quête d'un « ailleurs », aussi bien sur le plan terrestre que spirituel, dans lequel vous pourriez réaliser votre idéal. Aspiration aussi noble que louable certes mais, comme vous êtes hyper-émotif et individualiste, il vous faudra lutter contre votre tendance à la misanthropie ou à l'égocentrisme.

Votre Nombre d'Hérédité est le 11

N'oubliez pas qu'il sous-tend tous les aspects du nombre 2 avec une volonté décuplée et un pouvoir de persuasion qui vous propulsent automatiquement aux avant-postes ! Attention à l'intransigeance !

Votre Nombre d'Hérédité est le 22

Il conserve également en filigrane toutes les caractéristiques du nombre 4 élevées à la puissance supérieure. Avec ce nombre, tout devient « hyper » ou exceptionnel mais aussi hyper-difficile à vivre aussi bien pour l'entourage que pour les protagonistes...

LE CHEMIN DE VIE

Étudier votre Chemin de Vie, c'est découvrir l'itinéraire qui vous est assigné à votre naissance.

Le Chemin de Vie vous renseigne sur le type de parcours que vous devez suivre tout au long de votre existence. Il se calcule à partir des trois nombres qui composent votre date de naissance. Le nombre qui vous est dévolu est donc d'une importance capitale au niveau de votre destinée.

Il existe neuf Chemins de Vie, numérotés de 1 à 9, auxquels viennent s'ajouter les Chemins de Vie 11 et 22. Un seul parcours vous est imposé, avec tous les obstacles que vous allez y rencontrer. A vous de les négocier au mieux, car vous disposez toujours de votre libre-arbitre pour ce faire.

Il est bon de souligner qu'il n'y a pas un chemin qui soit plus propice qu'un autre à la réussite ou à la félicité. Chacun a toutes les chances au départ d'atteindre le même but s'il s'en donne la peine. Il y a toutefois un avantage, et pas un des moindres, dont vous pouvez bénéficier, c'est celui de connaître à l'avance le tracé de votre Chemin de Vie. A vous de le découvrir grâce à la Numérologie !

Comment calculer votre Chemin de Vie ? En additionnant tous les nombres qui composent votre *DATE DE NAISSANCE*.

Exemple :	vous posez : 22
Si Chloé Dupont	+ 2
est née le 22.2.1966	1966
	1990

vous additionnez : 1 + 9 + 9 + 0 = 19
vous réduisez : 19 = 1 + 9 = 10 = 1

Chloé Dupont a un *Chemin de Vie* **1**.

Il est évident que si vous obtenez un 11 ou un 22, vous ne réduisez pas. Si par contre vous obtenez un 2 ou un 4, il faut vérifier si ces deux nombres ne dissimulent pas un 11 ou un 22 sous-jacents.

Comment ? En effectuant le même calcul mais par voie horizontale.

Exemple :	vous posez : 2
Si M. X	+ 3
est né le 2.3.1925	1925
	1930

1930 = 1 + 9 + 3 + 0 = 13 = 4

Mais si vous posez :
2 + 3 + 1 + 9 + 2 + 5 = 22
Vous constatez que *L'ADDITION HORIZONTALE* de cette date de naissance fait apparaître un *22*.
Il est clair que dans ce cas précis, M. X a la possibilité, s'il s'en donne la peine, de vivre son Chemin de Vie comme un 22.
Il en va de même pour le 11

Et vous ? Quel est votre Chemin de Vie ?

Chemin de Vie 1

Chemin direct et dynamique mais souvent difficile et solitaire. Il mène loin et haut ceux qui veulent réaliser leurs ambitions, réussir par eux-mêmes, diriger et créer. Toutes les qualités du nombre 1, énergie, ambition, audace, sont les bienvenues sur ce parcours d'obstacles où il faut se montrer très exigeant vis-à-vis de soi-même au risque de payer cher ses erreurs. En échange, la chance est souvent au rendez-vous.

Les âges suivants

10, 19, 28, 37, 46, 55, 64, 73, 82 ans sont souvent marquants pour ceux qui ont un Chemin de Vie 1.

Santé

Surveillez votre tension artérielle, votre vue, votre sommeil et prenez garde aux rhumes et aux sinusites.

Si le nombre 1 est absent

de votre thème, ce chemin peut vous sembler particulièrement rude. De même, si votre Nombre de Personnalité est le 2 ou le 4.

Chemin de Vie 2

Chemin harmonieux et paisible, du moins en apparence, car il recèle tous les aléas d'une charmante route secondaire... Il est un peu lent mais il apporte la réussite avec le temps et souvent le concours d'autrui à ceux qui ont choisi de s'associer dans le travail comme dans la vie privée. Les vertus du nombre 2, - patience, diplomatie, sens de l'amitié - s'avèrent inappréciables sur ce parcours de vie où l'équilibre familial et l'amitié sont privilégiés. Si vous surmontez votre timidité et si vous ne vous enfermez pas dans vos habitudes, vous ferez sur ce chemin un agréable et intéressant voyage « en compagnie ».

Les âges suivants

2, 11, 20, 29, 38, 47, 56, 65, 74, 83 ans sont souvent marquants pour ceux qui ont un Chemin de Vie 2.

Santé

Attention aux troubles nerveux, digestifs, rénaux et glandulaires.

Si le nombre 2 est absent

de votre thème, vous rencontrerez quelques difficultés sur votre route. De même si votre Nombre de Personnalité est le 1, le 5, le 9, 11 ou 22.

Chemin de Vie 3

Chemin facile, plaisant et rapide. Largement ouvert sur le monde extérieur avec ses attraits mais aussi ses mirages, il est parfois fatigant et risqué. Il peut même être fatal aux imprudents et aux impatients. Heureusement, il permet le plus souvent de se sortir de toutes les situations. Si vous êtes créatif et optimiste, vous vivrez des jours passionnants sur ce chemin à condition de ne pas courir deux lièvres à la fois...

Les âges suivants

12, 21, 30, 39, 48, 57, 66, 75, 84 ans sont particulièrement importants pour ceux qui ont un Chemin de Vie 3.

Santé

Vos points fragiles sont le foie, la vésicule, les cordes vocales et parfois la thyroïde.

Si le nombre 3 est absent

de votre thème, cette route ne vous semblera pas aussi facile qu'on le dit. De même si votre Nombre de Personnalité est le 4.

Chemin de Vie 4

Chemin de travail, sérieux et rectiligne, sans risque mais aussi sans surprise, ce qui ne veut pas dire que tout y soit acquis dans la facilité bien au contraire. On y construit lentement mais sûrement grâce à un labeur quotidien et méthodique. Vous devrez y faire preuve de persévérance, de loyauté et de discipline. Et si vous ne tombez pas dans le piège du train-train quotidien, ce chemin qui peut paraître uniforme et rigoureux au premier abord deviendra pour vous celui de la réussite et de l'épanouissement.

Les âges suivants

4, 13, 22, 31, 40, 49, 58, 67, 76, 85 ans sont souvent marquants pour ceux qui ont un Chemin de Vie 4.

Santé

Surveillez vos dents, votre circulation veineuse, vos intestins. Attention à l'arthrose, aux rhumatismes et aussi... aux fractures.

Si le nombre 4 est absent

de votre thème, cette route risque de vous sembler ardue. De même si vous avez un Nombre de Personnalité 1, 3, 5, 8, 11.

Chemin de Vie 5

Chemin exaltant mais périlleux car l'aventure y est embusquée à chaque tournant. C'est celui de toutes les expériences, de tous les imprévus, de tous les obstacles mais aussi celui de la chance. Il exige de vous une santé morale et physique à toute épreuve. De plus, il ne pardonne ni la médiocrité, ni les excès, ni l'imprudence. Bonjour l'aventure mais attention les dégâts !

Les âges suivants

5, 14, 23, 32, 41, 50, 59, 68, 77, 86 ans sont souvent marquants pour ceux qui ont un Chemin de Vie 5.

Santé

Vos points faibles sont les nerfs et le système respiratoire. Attention aussi aux infections, au surmenage et naturellement aux accidents !

Si le nombre 5 est absent

de votre thème, ce qui est assez rare, vous devrez redoubler de vigilance sur ce parcours du combattant... De même si votre Nombre de Personnalité est le 2, le 4 ou le 6.

Chemin de Vie 6

Qu'il soit chemin du devoir ou chemin de l'amour, il implique toujours des charges et des obligations au niveau professionnel ou familial. Il impose souvent des bifurcations à prendre et des choix difficiles à faire. Mais c'est le chemin de l'harmonie et de l'équilibre et fréquemment aussi une voie royale pour les artistes. Il apporte parfois des coups de chance inespérés. Ce peut être enfin la grande artère qu'empreintent ces personnages promis à un destin national. Quel qu'il soit, ce chemin exige de la volonté, de la tolérance et du désintéressement.

Les âges suivants

6, 15, 24, 33, 42, 51, 60, 69, 78, 87 ans sont souvent importants pour ceux qui ont un Chemin de Vie 6.

Santé

Veillez aux problèmes cardiaques et gynécologiques. Ménagez aussi votre colonne vertébrale.

Si le nombre 6 est absent

de votre thème, la route risque de vous sembler longue... De même si votre Nombre de Personnalité est le 5.

Chemin de Vie 7

Chemin de la connaissance et de la sagesse, il sied aussi bien aux philosophes et aux mystiques qu'aux créateurs et aux gens d'esprit, pourvu qu'il préserve leur indépendance physique et morale. Il est le plus souvent passionnant car il apporte la richesse intérieure en même temps que l'originalité et l'imprévu. Sur ce chemin, la réussite doit être désintéressée. Si vous savez reléguer l'aspect matériel des choses au second plan et maîtriser votre anxiété, vous vous réaliserez au plus haut niveau sur cette route située en altitude.

Les âges suivants

7, 16, 25, 34, 43, 52, 61, 70, 79, 88 ans sont très importants pour ceux qui ont un Chemin de Vie 7.

Santé

Votre système endocrinien est à surveiller. Attention aussi aux problèmes nerveux, à la dépression et à l'insomnie.

Si le nombre 7 est absent

de votre thème, il faudra lutter pour qu'il devienne épanouissant. De même si vous avez un Nombre de Personnalité 8, 11 ou 22.

Chemin de Vie 8

Ce n'est plus un chemin mais une autoroute qui permet aux audacieux d'atteindre l'objectif qu'ils se sont fixé à une rapidité vertigineuse. Mais gare aux excès de vitesse et aux accidents ! Le pouvoir, le succès matériel et financier ne se conquièrent pas sans risque. Vous devez être des décideurs sans pour autant vous montrer autoritaires, impatients et encore moins avares. Moyennant quoi vous réussirez peut-être à faire de ce voyage d'affaires une croisière de plaisance...

Les âges suivants

8, 17, 26, 35, 44, 53, 62, 71, 80 ans sont souvent marquants pour ceux qui ont un Chemin de Vie 8.

Santé

Vous pouvez avoir des problèmes digestifs, musculaires et une certaine tendance à l'obésité — le plus souvent par manque d'exercice. Attention aussi aux blessures, aux accidents et aux opérations !

Si le nombre 8 est absent

de votre thème, vous risquez de trouver parfois cette route un peu cruelle. De même si votre Nombre de Personnalité est le 4 ou le 7. Vous n'y serez pas non plus très à l'aise si vous avez un 2 ou un 9.

Chemin de Vie 9

Chemin de l'évasion et de l'imagination, il peut ouvrir de vastes perspectives à ceux qui s'en montrent dignes et même les conduire au sommet plus rapidement que prévu. Il favorise les voyages, les rencontres et les découvertes. Il est aussi celui de l'abnégation pour ceux qui choisissent de se consacrer à leur prochain. Vous suivrez donc une des routes les plus sublimes qui soit, à condition de ne succomber ni à l'exaltation ni à l'amertume. A noter que ce chemin est parfois celui de la célébrité pour ceux qui s'y attendent le moins !

Les âges suivants

9, 18, 27, 36, 45, 54, 63, 72, 81 ans sont très importants pour ceux qui ont un Chemin de Vie 9.

Santé

Vous êtes sujet aux infections et aux fièvres. Une certaine fragilité psychique peut générer des dépressions nerveuses.

Si le nombre 9 est absent
de votre thème, cette route risque de vous paraître un peu contraignante. De même si votre Nombre de Personnalité est le 2 ou le 8.

Comme chaque fois que l'on rencontre ces deux nombres, il faut se montrer très circonspect et considérer qu'ils sont rarement vécus à ce niveau avant un certain âge, le plus souvent la quarantaine. Jusque-là il est plus raisonnable d'assimiler leurs vibrations à celles d'un 2 ou d'un 4, sauf exception naturellement pour des personnalités hors du commun qui se révèlent dès leur jeunesse.

Chemin de Vie 11
Chemin de l'inspiration et de l'intuition, il est à la fois grandiose et impitoyable car il ne tolère ni les compromis ni les restrictions. Une grande tension nerveuse risque parfois de vous habiter. Mais quelle vie magnifique il vous réserve si vous réussissez à maîtriser ce handicap ! Et n'oublions pas que ce chemin mène souvent à la médiumnité et à la clairvoyance.

Les âges marquants
pour ceux qui ont un Chemin de Vie 11 sont les mêmes que pour un Chemin de Vie 2.

Santé
Les points faibles sont identiques à ceux du nombre 2, avec un risque accru de désordres nerveux.

Si vous n'avez pas de 1 ni de 11
dans votre thème, la route peut vous sembler très abrupte. De même si vous avez un Nombre de Personnalité 4 ou 7.

Chemin de Vie 22

Chemin privilégié des êtres dont le destin peut être exceptionnel, ce n'est plus un chemin ni une route mais plutôt un circuit de formule 1 sur lequel ils peuvent se mouvoir à l'aise. Il exige de ces pilotes d'élite toutes les qualités du 11 c'est-à-dire l'intelligence, l'ambition et la maîtrise avec, en prime, un zeste d'universalité. Une vie exaltante attend donc les 22 s'ils s'orientent vers les autres et non pas seulement vers eux-mêmes et s'ils ne dérapent pas vers l'utopie et l'excentricité. Le magnétisme et le don de guérison sont les privilèges de ceux qui ont un Chemin de Vie 22.

Les âges importants
pour ceux qui ont un Chemin de Vie 22 sont les mêmes que pour un Chemin de Vie 4.

Santé
Vos fragilités sont les mêmes que celles du nombre 4 avec, comme pour le 11, des menaces au niveau de votre système nerveux.

Si vous n'avez pas de 22 ni de 11
dans votre thème, vous risquez de faire des sorties de route...

CHEMINS DE VIE DE PERSONNALITÉS ET DE CÉLÉBRITÉS

1

Napoléon Bonaparte, Bernard Buffet, Georges Braque, Pierre Cardin, Jacques Chirac, Salvador Dali, Alain Delon, Michel Drucker, Denis Huysmans, Jean-Claude Killy, Sophia Loren, Jean Marais, Jean-Marie Le Pen, Bernard Pivot, Alain Prost, Bernard Tapie.

2

Bernard Blier, Pierre Mendès France, Omar Sharif, Léon Schwarzenberg - *les vrais 2* -. Louis Aragon, Alain Ayache, Jean-Paul Belmondo, Jane Birkin, Coluche, Edwige Feuillère, Johnny Halliday, Joseph Kessel, Edith Piaf, Michel Platini, Edgar Poe, Villiers de l'Isle Adam - *à la fois 2 et 11* -.

3

Marcel Achard, Carole Bouquet, Philippe Bouvard, Goethe, Mazarin, Elvire Popesco, George Sand, Michel Sardou, Jean-Jacques Servan-Schreiber, Talleyrand, Simone Veil, Richard Wagner.

4

René Guénon, René Magritte, Charles Vanel - *les vrais 4* -. Valéry Giscard d'Estaing, Léonard de Vinci - *à la fois 4 et 22* -.

5

Michel Audiard, Jean-Pierre Beltoise, Tycho Brahé (astronome), Bertrand Flornoy (explorateur), Marlène

Jobert, Curd Jurgens, Sophie Marceau, Patrick Poivre d'Arvor, Régine, Simone Signoret, Sylvie Vartan, Jean Vilar.

6

Guillaume Apollinaire, Hervé Bazin, César, Charles de Gaulle, Albert Einstein, Louis Jouvet, Claude Lelouch, Stéphanie de Monaco, Philippe Noiret, Georges Pompidou, Pierre Teilhard de Chardin.

7

Charles Baudelaire, Claude Berri, Claude Chabrol, Julien Clerc, Gérard Depardieu, Fiodor Dostoïevsky, Robert Hossein, André Malraux, François Mauriac, Michèle Morgan, Louis Pasteur, Jean Poiret.

8

Isabelle Adjani, Ingrid Bergman, André Breton, Edgar Faure, Jane Fonda, Serge Gainsbourg, Robert Hersant, Johannes Képler, François Mitterrand, Nostradamus, Gérard Oury, Anne Sinclair, Liz Taylor.

9

Brigitte Bardot, Lucrèce Borgia, Georges Brassens, Nicolas Copernic, Jean Gabin, Sacha Guitry, Alfred Jarry, Shirley Mac Laine, Christophe Lambert, Yves Montand, Padre Pio, Françoise Sagan, Rudolf Steiner.

11

Paracelse. Les Chemins de Vie 11 sont très rares depuis l'an 1700. Ils redeviennent plus fréquents à partir de 1966.

22

Claude Brasseur, Francis Bouygues, Émile Coué, Catherine Deneuve, Léo Ferré, Annie Girardot, Zizi Jeanmaire, Édouard Leclerc, Paul-Loup Sulitzer.

VOS NOMBRES
ET CEUX DES AUTRES

ÊTES-VOUS FAITS POUR VOUS COMPRENDRE ?

Vous le saurez en comparant vos Nombres du « Moi Profond ».

Vos rapports avec les autres peuvent être considérablement éclairés par la Numérologie. La comparaison de deux nombres permet en effet de déterminer le degré de compatibilité qui existe entre deux êtres.

Étant donné que le *nombre du « Moi Profond »* régit la vie sentimentale et affective de l'individu, si l'harmonie vibratoire entre votre Nombre du « Moi Profond » et celui de votre partenaire est bonne, vous pouvez être pratiquement assuré de couler des jours heureux.

Pour le savoir, additionnez vite toutes les *VOYELLES* de vos *NOM* et *PRÉNOM* respectifs et comparez les deux nombres obtenus en vous référant aux explications brèves mais précises qui suivent. Vous aurez peut-être quelques surprises...

1/1 : C'est plus un rapport de force qu'un rapport amoureux car vous êtes de la même trempe et aussi peu prêts à céder l'un que l'autre... La dualité de deux nombres forts génère souvent une vibration explosive et destructrice !

1/2 ou 2/1 : Bien que vous soyez en principe complémentaires puisque le 1 porte la culotte et que le 2 trouve cela à son goût votre entente ne sera pas éternelle. Un jour ou l'autre, ce dernier finira par se rebeller...

1/3 ou 3/1 : Heureux couple que celui-là où chacun peut agir et s'exprimer en toute impunité ! C'est la liberté dans l'union en quelque sorte. Un rêve très constructif !

1/4 ou 4/1 : Ce n'est certes pas l'idéal mais cela peut fonctionner. A condition bien sûr que le 1 ne se montre pas trop directif ni le 4 trop obstiné. Un peu étouffant tout de même...

1/5 ou 5/1 : C'est un rapport qui peut s'avérer très dynamique et positif pour autant que chacun respecte l'indépendance de l'autre. Et puis, pour s'offrir un coup de foudre c'est génial !

1/6 ou 6/1 : La relation affective entre ces deux nombres devrait à priori être profonde et équilibrée et pourtant ! L'atmosphère risque vite de se dégrader entre le 1 qui veut tout régenter et le 6 qui demeure inflexible...

1/7 ou 7/1 : Entre vous ce n'est jamais l'amour fou ! L'un évolue dans le monde du concret et l'autre dans son monde intérieur. Indépendance oblige ! Mais des liens très subtils peuvent se tisser au fil des jours entre vos deux fortes personnalités.

1/8 ou 8/1 : Ce sont deux pôles qui s'attirent et se repoussent à la fois... Estime réciproque mais conflit d'autorité inéluctable et aucune concession mutuelle en vue !

1/9 ou 9/1 : Prudence car vous avez des tempéraments très différents... Ceci dit, une relation solide peut s'établir entre vous si chacun accepte d'y mettre du sien. Il suffirait que le 1 contrôle son ego et le 9 sa sensibilité par exemple.

1/11 ou 11/1 : Vous êtes tous les deux trop épris d'absolu pour vivre une relation sereine au quotidien. L'expérience risque d'être « décapante »...

1/22 ou 22/1 : Les sentiments ? Il y a bien longtemps que vous les avez relégués au rayon des accessoires... Alors, essayez donc de trouver l'un et l'autre quelqu'un qui ait le temps de s'en préoccuper pour vous !

2/2 : Le dialogue s'engage difficilement entre vous car vous êtes tous les deux trop réservés et indécis. Votre relation, par ailleurs très sensible, ne peut donc déboucher sur quelque chose de constructif. De remises en question en conflits, vous finirez par vous enliser...

2/3 ou 3/2 : Amours, délices et orgues ! Le rapport rêvé pour un bonheur sans nuages. Compréhension, générosité, tendresse, tout y est !

2/4 ou 4/2 : L'équilibre risque d'être précaire entre un 2 réputé fluctuant et un 4 connu pour sa droiture mais aussi sa rigidité. Mais si cet équilibre réussit à se maintenir, il peut se consolider à long terme.

2/5 ou 5/2 : L'un recherche la sécurité, l'autre la liberté. Malgré une certaine attirance physique, vous êtes donc aux antipodes ! Parfait pour le temps d'un week-end mais c'est tout...

2/6 ou 6/2 : Gai, gai, marions-nous ! Vos sentiments seront durables et profonds tant sur le plan sentimental que familial. L'équation du bonheur parfait en quelque sorte !

2/7 ou 7/2 : C'est plutôt fragile car très émotionnel. En dépit de certaines affinités d'ordre spirituel, la communication ne réussit jamais à s'établir entre vous du fait de votre extrême sensibilité. Essayez plutôt de rester bons amis...

2/8 ou 8/2 : Même s'il existe entre vous une grande différence de caractères, celle-ci n'est pas vraiment rédhibitoire. Vous êtes en effet très complémentaires et, si vous savez déceler et utiliser cet atout, votre relation peut devenir très riche et constructive.

2/9 ou 9/2 : Trop de sensibilité, d'émotivité et de doutes se dégagent de ce périlleux rapport de nombres. Ne courez pas au devant d'un désastre !

2/11 ou 11/2 : Si le 2 peut cohabiter avec le 8, pourquoi pas avec le 11 ? Cependant j'émettrais quelques réserves du genre « attention, équilibre instable ! ».

2/22 ou 22/2 : « Parle-moi d'amour » dit le 2. « Écoute, je n'ai pas le temps » répondit le 22. Et notre 2 repartit le cœur en écharpe... Ce n'est pas cela que vous voulez, tout de même !

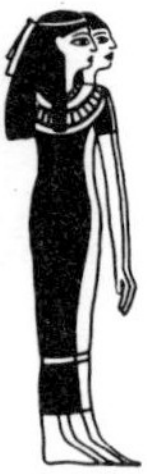

3/3 : Le moins qu'on puisse dire c'est que vous ne souffrez pas d'une absence de communication ni d'intérêts communs. Alors, pourquoi cette envie incorrigible de toujours chercher ailleurs ce que vous avez sous la main ?

3/4 ou 4/3 : Difficile d'allier l'extraversion et la rigueur ! Même avec de la bonne volonté, il me semble aléatoire de concilier des aspirations aussi divergentes.

3/5 ou 5/3 : Voilà deux nombres qui symbolisent l'harmonie et la complémentarité. C'est épanouissant, enrichissant et dynamique. Dites oui sans tarder !

3/6 ou 6/3 : Quand ces deux nombres se rencontrent, c'est l'euphorie ! Si vous avez la chance de les trouver réunis, faites en sorte qu'ils ne se séparent plus jamais !

3/7 ou 7/3 : C'est très instable sur le plan sentimental car le premier est très démonstratif et le second plutôt réservé. Sans parler de vos rythmes de vie qui sont très différents. Alors amis, oui !... mais pas amants.

3/8 ou 8/3 : C'est une vibration très positive à tous les niveaux, au point que vous avez tendance à partager la même passion pour les intérêts matériels. Attention à ne pas privilégier ceux-ci au détriment de vos sentiments ! Il suffit de savoir dire « je t'aime » de temps à autre.

3/9 ou 9/3 : Vous êtes faits pour vous entendre ! Vos affinités sont réelles et votre compatibilité de caractères excellente, surtout si le 9 est disposé à faire certaines concessions. Alors, foncez !

3/11 ou 11/3 : Votre nombre est le seul, hormis le 6, qui puisse mener à bien une relation affective avec le 11. Profitez-en mais restez vigilant car vos nerfs seront parfois mis à rude épreuve.

3/22 ou 22/3 : Disons que c'est jouable. Mais pour ce qui est de la profondeur des sentiments, c'est plutôt spéculatif.

4/4 : Même tempo, même discipline, même pudeur de sentiments. Mais si chacun reste sur sa réserve, vous avez de fortes chances d'en rester là... Dommage ! ce pourrait être constructif et profond entre vous.

4/5 ou 5/4 : Comme il est aussi difficile d'émanciper le 4 que de juguler la fougue du 5, mieux vaut passer votre chemin ! Surtout que vous êtes aussi entêtés l'un que l'autre...

4/6 ou 6/4 : Avec une relation basée sur le respect mutuel ainsi que le sens des responsabilités et des valeurs, vous pouvez vous préparer pour les noces d'or ! Si Dieu vous prête vie bien entendu...

4/7 ou 7/4 : Sous cette vibration, vos rapports sont très bien structurés et toujours empreints d'une certaine loyauté. Votre union peut être encore plus solide et durable si vous apprenez tous les deux à manifester vos sentiments.

4/8 ou 8/4 : Le courant passe entre vous si vous parlez d'affaires ou d'argent mais, de grâce, ne vous parlez pas d'amour ! A moins que vous ne soyez un adepte du mariage de raison.

4/9 ou 9/4. L'un a les pieds sur terre, l'autre la tête dans les étoiles. Votre rencontre relève d'une erreur d'aiguillage. Alors, rentrez vite dans le droit chemin !

4/11 ou 11/4 : Un terrien et un extra-terrestre ont peut-être plus de chance que vous de vibrer à l'unisson... Souvenez-vous qu'à l'impossible nul n'est tenu.

4/22 ou 22/4 : C'est une relation qui appartient au domaine du possible. Point à la ligne. Souvenez-vous que l'extase sentimentale n'est vraiment pas une priorité pour vous deux...

5/5

: Mêmes aspirations, même besoin de liberté respecté l'un par l'autre. C'est souvent exaltant mais parfois instable. Essayez de bien gérer votre indépendance pour ne pas compromettre cette belle entente !

5/6 ou 6/5 : L'un est le champion de la bougeotte, l'autre du « cocooning ». Un jour ou l'autre le second étouffe le premier qui s'évade en courant...

5/7 ou 7/5 : D'indéniables affinités peuvent attirer un jour l'un vers l'autre ces deux farouches adeptes de la liberté. Mais tôt ou tard l'appel du large sera le plus fort et nos deux protagonistes repartiront vers leur destin...

5/8 ou 8/5 : Vous ne manquez pas de traits communs mais le mélange des deux est explosif. Aussi emportés et impulsifs l'un que l'autre, il y a du « rififi dans l'air » !

5/9 ou 9/5 : Vous partagez le même goût des changements et des voyages. Fort bien, mais cela ne suffit pas à assurer l'équilibre et la longévité d'une relation au quotidien.

5/11 ou 11/5 : Je ne voudrais pas que l'un défénestre l'autre... De grâce, ne vous unissez pas pour le pire !

5/22 ou 22/5 : Voilà un duo d'équilibristes ! Vous vivrez certainement des moments forts mais à quel prix ?

6/6 : Entente cordiale garantie pour ces deux nombres à forte vibration affective mais sa pérennité ne peut être assurée que si l'un et l'autre font un réel effort d'originalité et de tolérance.

6/7 ou 7/6 : Très vénusien, le 6 risque d'être frustré dans son amour par un 7 a priori peu démonstratif. Même s'il connaît avec lui une certaine extase intellectuelle, il est peu probable qu'il se suffise de cette amitié amoureuse que lui offre son partenaire...

6/8 ou 8/6 : Même si vous vous sentez des « atomes crochus » avec le 8, ne vous laissez pas charmer par ce beau parleur ! Votre sensibilité y laisserait trop de plumes...

6/9 ou 9/6 : Vos liens sont très forts et votre entente réelle. Mais attention ! Le charme pourrait être rompu si vous ne veillez pas à ménager vos sensibilités respectives.

6/11 ou 11/6 : On n'y croyait plus ! Enfin le 11 a trouvé chaussure à son pied. On serait même tenté de parler d'harmonie et de bonheur.

6/22 ou 22/6 : On retrouve dans ce rapport la même complémentarité qu'avec le 11, avec un espoir réel d'union durable. Mais il faudra toute la diplomatie du 6 pour circonscrire les tempêtes.

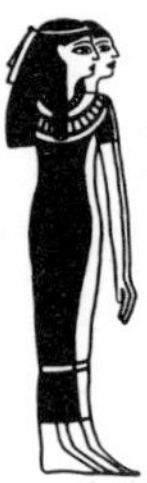

7/7 : Subtile et même un peu mystérieuse, cette relation de nature essentiellement intellectuelle risque de s'apesantir avec le temps. A vous de lui redonner un zeste de piment sentimental !

7/8 ou 8/7 : Ce peut être très fort entre vous voire passionnel. Mais cette attirance n'est pas suffisamment étayée par des liens profonds pour résister à l'épreuve du temps. La dynamite sautera avant l'arrivée !

7/9 ou 9/7 : La valeur spirituelle du 7 et l'altruisme du 9 devraient être les garants d'une relation de qualité entre ces deux nombres. Or celle-ci reste fragile et même difficile à gérer. Peut-être est-ce dû à un défaut de communication.

7/11 ou 11/7 : Même si une relation intellectuelle et spirituelle de qualité réussit à s'établir entre vous, elle ne peut triompher en permanence des doutes et des remises en cause générés par la disparité de vos sentiments.

7/22 ou 22/7 : Je ne vois pas comment des affinités spirituelles et intellectuelles, indéniables au demeurant, pourraient empêcher que votre amour ne soit tôt ou tard réduit en cendres. La flamme n'est pas assez vivace dès le départ.

8/8 : Mission impossible ! Vous avez beau vibrer à l'unisson, votre vie ne sera qu'un duel permanent et dévastateur pour vous-même aussi bien que pour vos proches.

8/9 ou 9/8 : Votre union a toutes les chances d'être harmonieuse et réussie. Les petits nuages qui pourraient l'obscurcir ne sont dûs qu'à la force de vos caractères plus qu'à de réelles incompatibilités.

8/11 ou 11/8 : Pourquoi ne pas signer un contrat professionnel plutôt qu'un contrat de mariage ? Vous vous éviteriez une catastrophe.

8/22 ou 22/8 : Vous avez mis depuis trop longtemps votre cœur entre parenthèses. Dommage ! « Et la tendresse, b... » ?

9/9 : Ce serait l'extase si vous n'étiez tous les deux hypersensibles et vulnérables sur le plan affectif. Essayez de sauver cette relation de haut niveau en partageant un idéal commun.

9/11 ou 11/9 : Côté cœur, ce n'est vraiment pas l'idéal ! Car chez vous tout se joue sur le mode « hyper », que ce soit la sensibilité, l'émotivité ou la vulnérabilité. Je crains que vous ne couriez à votre perte...

9/22 ou 22/9 : Le schéma est le même que pour le 9/11.

11/11 : Idéal pour rejouer « les Amants Terribles »...

11/22 ou 22/11 : Même recommandation que pour le 11/11.

22/22 : C'est assez puissant pour faire imploser un gratte-ciel !

ÊTES-VOUS SÛR DE POUVOIR VOUS ENTENDRE AVEC VOTRE PATRON ?

Vous le saurez en comparant vos Nombres de Réalisation.

La comparaison de ces deux nombres permet en effet de déterminer si les relations entre deux individus seront harmonieuses ou non dans la vie concrète et notamment dans le domaine du travail.

A vous de calculer ces deux nombres, le vôtre et le sien, en additionnant toutes les *CONSONNES* de vos *NOM* et *PRÉNOM* respectifs. Vous pourrez alors découvrir à l'aide du tableau de comparaison qui suit si vous avez « déniché » le patron idéal.

1/1 : Comment voulez-vous que deux individualistes acharnés fassent des concessions et acceptent de travailler en équipe ? Ce serait vraiment une gageure. Vous rivaliserez sans cesse pour accéder au pinacle et ne ferez finalement que vous croiser dans l'ascenseur...

1/2 ou 2/1 : L'un a tendance à diriger, l'autre à exécuter. Si chacun joue son rôle, le tandem peut être très complémentaire et efficace. Mais attention, vous le 2, à bien fixer les limites de votre territoire dès le départ !

1/3 ou 3/1 : Avec un rapport aussi harmonieux vous ne voudrez même plus prendre de vacances ! A moins que vous ne décidiez carrément d'élire domicile au bureau...

1/4 ou 4/1 : Si le 4 ne freine pas trop l'énergie du 1 et que celui-ci ne se montre pas trop despotique, l'association peut être constructive et durable. Mais cela fait beaucoup de si...

1/5 ou 5/1 : C'est un rapport tonique pour le travail en commun. Le 1 décide et entreprend et le 5 ajoute son grain de fantaisie voire de génie à l'édifice. Seule condition suspensive, respecter la liberté de chacun.

1/6 ou 6/1 : Vous vous complétez car le 6 accepte très bien la fougue du 1 tout en contribuant à la canaliser. Je dirais même qu'il est parfois capable de le faire passer à son insu par un trou de souris...

1/7 ou 7/1 : Deux tempéraments aussi indépendants l'un que l'autre ne feront pas bon ménage au travail même s'ils s'estiment mutuellement dans le privé. Et puis, ce mystérieux 7 a parfois le don d'agacer notre 1 qui, lui, a les pieds bien sur terre...

1/8 ou 8/1 : Deux caractères aussi semblables ont forcément du mal à s'épanouir ensemble sans que l'un fasse de l'ombre à l'autre. Gare aux affrontements ! Mais s'ils sont liés par des intérêts financiers communs, c'est très jouable.

1/9 ou 9/1 : Dans les affaires et plus précisément dans les domaines qui touchent au public ou à l'étranger, vous pouvez former une paire de complices efficaces et talentueux. N'hésitez pas à vous attaquer à des projets d'envergure !

1/11 ou 11/1 : Si vous ne craignez pas les ambiances survoltées, vous pourrez réaliser de bonnes performances car vous avez autant d'ambition et de combativité l'un que l'autre.

1/22 ou 22/1 : Si chacun s'efforce de ne pas se laisser prendre au petit jeu de la compétition et accepte d'œuvrer dans le même sens, cela promet d'être grandiose. Car le rapport de forces est équilibré et chacun le sait.

2/2 : Les deux partenaires manquent souvent de combativité et d'esprit de décision. S'ils s'installent pour de bon dans ce statu quo, ils resteront dans l'impasse. Mieux vaut éviter !

2/3 ou 3/2 : Mettez-vous vite au travail ensemble dans l'harmonie et la bonne humeur. Vous êtes faits pour vous comprendre et vous êtes tellement complémentaires.

2/4 ou 4/2 : On ne peut pas dire que le rythme soit follement endiablé mais ce peut être constructif concrètement parlant. Il faudrait en tout cas apprendre déjà à vous accepter tels que vous êtes...

2/5 ou 5/2 : Aussi passionnant que soit le travail qu'on vous propose, ne tentez pas l'expérience car elle est vouée d'avance à l'échec. Autant faire cohabiter un Saint-Bernard et la chèvre de Monsieur Seguin !

2/6 ou 6/2 : Unissez-vous pour la vie mais pas pour le travail ! Votre indéfectible entente sentimentale qui autorise toutes les concessions dans la vie privée ne fonctionne pas sur le plan concret.

2/7 ou 7/2 : Vous n'avez pas grand chose en commun. Original et indépendant, le 7 ne veut pas s'embarrasser d'un 2 qui recherche essentiellement la sécurité. Sérieux s'abstenir !

2/8 ou 8/2 : Vous n'êtes pas faits pour vous entendre a priori et pourtant... Le 2 peut apporter ses qualités de dialogue et de sensibilité au 8 qui lui fournit en échange l'énergie et l'assurance dont il a besoin. Pourquoi ne pas essayer ?

2/9 ou 9/2 : Ni l'un ni l'autre n'a vraiment le sens du concret et si de surcroît chacun se laisse assaillir par le doute, le climat risque d'être angoissant...

2/11 ou 11/2 : Vous formerez une solide équipe car vous vous complétez fort bien. Une recommandation tout de même : le 11 doit ménager la sensibilité du 2 s'il veut que celui-ci donne le meilleur de lui-même.

2/22 ou 22/2 : Vous n'arriverez jamais à jouer sur le même octave. Et même si vous y parveniez, je crois que le 22 trouverait encore que l'autre ne joue pas assez vite !

3/3 : Ce genre d'association basée sur l'ouverture et la volonté de réussir dégénère néanmoins le plus souvent en agitation et en dispersion stériles. C'est à qui épuisera l'autre...

3/4 ou 4/3 : C'est plus qu'aléatoire car vos conceptions de la vie en général et des affaires en particulier sont vraiment trop divergentes. A moins que vous ne fassiez un réel effort pour vous comprendre. Mais que de renoncements en perspective...

3/5 ou 5/3 : Votre entente peut s'avérer tellement parfaite que vous risquez de vous retrouver la bague au doigt ! Et le mieux c'est que vous n'aurez certainement jamais envie de l'ôter...

3/6 ou 6/3 : Là encore, c'est la lune de miel ! Vous vous ressemblez et vous complétez à la fois. La générosité et la confiance présideront à vos relations professionnelles.

3/7 ou 7/3 : Quand l'ouverture et la créativité du 3 se conjuguent aux facultés d'analyse et d'intuition du 7, les autres n'ont plus qu'à leur céder le passage... Mais encore faut-il que ces deux-là sachent garder les pieds sur terre !

3/8 ou 8/3 : Beaucoup de dynamisme se dégage de cette relation qui peut être très fructueuse pour le travail. Pour que son rendement soit optimum, il faut que les deux protagonistes se fixent un objectif précis et s'y tiennent. Sinon, gare aux risques de tension et de dispersion !

3/9 ou 9/3 : Votre collaboration peut être particulièrement florissante si elle se focalise sur des projets d'envergure. L'art, les médias et l'étranger sont vos domaines de prédilection.

3/11 ou 11/3 : Vous êtes tous les deux des novateurs et vous avez du magnétisme. Si vous mettez ces qualités au service de la création ou des media, rien ne vous arrêtera. A condition toutefois de ne pas vous user à force de frictions...

3/22 ou 22/3 : Votre relation n'ayant pas à souffrir de réels conflits d'autorité, vous pourrez laisser libre cours à votre créativité respective. Et elle n'a pas fini de nous épater.

4/4 : Ce n'est pas parce que vous vous comprenez parfaitement et que vous portez le même regard sur le monde qu'il faut vous installer dans un train-train confortable mais sclérosant ! Peut mieux faire...

4/5 ou 5/4 : Danger, haute tension ! L'un est aussi épris de liberté que l'autre de discipline et les deux sont aussi têtus l'un que l'autre. S'ils savaient qu'en dépit de leurs caractères radicalement opposés ils sont parfaitement complémentaires !

4/6 ou 6/4 : Voilà une relation harmonieuse et sécurisante dont le dynamisme n'est même pas exclu. La mayonnaise doit prendre immanquablement !

4/7 ou 7/4 : Malgré les petites crises d'indépendance du 7, vos rapports resteront toujours loyaux et empreints d'une réelle estime. Votre collaboration professionnelle s'annonce donc sous les meilleurs auspices.

4/8 ou 8/4 : Vous ne vibrez pas au même rythme, ce qui ne facilite pas vos relations. Mais vous avez par contre une approche identique des problèmes concrets qui laisse présager une entente honnête et durable.

4/9 ou 9/4 : Réalisme du 4, idéalisme du 9... l'osmose est difficile. Ce genre d'association ne peut subsister que si elle est motivée par la poursuite d'un objectif commun. Et encore faudrait-il que chacun y mette du sien...

4/11 ou 11/4 : L'antipathie est épidermique chez vous... Mieux vaut renoncer tout de suite car vous n'avez pas plus de chance de vous entendre au bureau qu'à la maison.

4/22 ou 22/4 : La combinaison des deux vibrations peut générer d'excellents résultats au niveau professionnel car la convergence de vues est bonne. Mais il faut naturellement que le 4 accepte de laisser au 22 la direction des opérations.

5/5 : Le tempo est le même et les affinités indéniables. Mais le besoin perpétuel de changement de chacun génèrera tôt ou tard des conflits irréversibles. Dommage !

5/6 ou 6/5 : Vos tempéraments sont trop contrastés pour vous lancer dans une aventure à deux ! A moins que vous ne vous sentiez une âme de kamikaze...

5/7 ou 7/5 : Condition sine qua non pour la pérennité d'une telle relation : une garantie totale d'indépendance. Moyennant quoi la cohabitation est possible et peut donner de bons résultats.

5/8 ou 8/5 : C'est un amalgame dynamique, enrichissant et expansif. Restez cependant prudents dans vos décisions et modérés dans vos paroles. A cette condition vous décollerez vite !

5/9 ou 9/5 : Cette relation porte également en elle tous les ferments de la réussite : complémentarité, ouverture, dynamisme. Là encore, n'hésitez pas une seconde !

5/11 ou 11/5 : Le moins qu'on puisse dire, c'est que c'est énergétique. Mais la capacité d'adaptation du 5 ne suffira pas à long terme à sauver votre association d'un naufrage certain pour cause de tornades répétées...

5/22 ou 22/5 : Vous n'êtes certes pas dépourvus d'affinités et la conjugaison de vos talents pourrait être fructueuse si chacun acceptait de contrôler ses humeurs. Mais c'est beaucoup vous demander, n'est-ce pas ?

6/6 : Ce n'est pas très exaltant... Aussi exigeants et perfectionnistes l'un que l'autre, vous risquez de stagner. A éviter de préférence, sauf si votre objectif commun fait appel à votre indéniable sensibilité esthétique.

6/7 ou 7/6 : Là aussi votre perfectionnisme et vos doutes respectifs risquent de rendre la collaboration difficile au niveau des affaires. Mieux vaut vous en tenir à des relations extra-professionnelles tout à fait viables.

6/8 ou 8/6 : Votre goût commun du concret et votre sens aigu des responsabilités vous permettront de faire des prouesses dans les affaires. Mais si vous voulez préserver cette belle entente, ne vous voyez pas en dehors de votre lieu de travail...

6/9 ou 9/6 : Affinités profondes, convergence d'idéaux, tout est réuni pour briller au firmament de l'art et de la création notamment. Une expérience à vivre absolument !

6/11 ou 11/6 : C'est un excellent cocktail. Il y a estime et compréhension réciproques et surtout communauté d'objectifs, notamment au niveau de la création.

6/22 ou 22/6 : C'est une relation assez vulnérable en raison de la pression exercée par le 22. Mais elle peut s'avérer harmonieuse et positive si le 6 veut bien déployer ses trésors de compréhension et de tolérance.

7/7 : Même s'ils partagent les mêmes goûts sur le plan créatif et intellectuel, il est utopique d'espérer que ces deux farouches indépendants acceptent de tirer la charrue dans le même sens... Ne vous lancez pas ce genre de défi !

7/8 ou 8/7 : Dans une optique purement intellectuelle où la réflexion et l'analyse sont privilégiées, vous pouvez vous avérer complémentaires mais c'est tout. N'essayez surtout pas de vous retrouver sur le plan matériel !

7/9 ou 9/7 : Tout ce qui touche à l'intellect et à l'humain peut vous réunir mais, sur le plan pratique, vos divergences de vues sont trop marquées pour aboutir à une action concertée.

7/11 ou 11/7 : Inspiration, intuition, originalité, on retrouve chez vous le même vibrato. Si votre activité ne s'écarte pas de ce registre, pourquoi y aurait-il des fausses notes ?

7/22 ou 22/7 : Inenvisageable pour cause d'incompatibilité d'humeurs. Dommage, car il y a un énorme potentiel de part et d'autre.

8/8 : Attention, terrain miné ! La compétition est permanente entre ces deux êtres aussi individualistes, ambitieux et exigeants l'un que l'autre et les conflits d'autorité peuvent dégénérer en scènes de violence...

8/9 ou 9/8 : Une bonne convergence de vues sur le plan concret ainsi qu'une certaine compatibilité de caractères vous permettent d'envisager une relation professionnelle de qualité.

8/11 ou 11/8 : Une même rage de vaincre vous anime et vous pousse à réaliser des projets d'envergure. Votre ascension ne peut être qu'irrésistible.

8/22 ou 22/8 : C'est un amalgame très puissant qui peut générer une réussite prestigieuse.

9/9 : Restez la tête dans les nuages car à vous deux vous y ferez des merveilles mais n'essayez surtout pas de vous retrouver sur des chemins bassement matériels...

9/11 ou 11/9 : Dans les domaines où la puissance créatrice, l'inspiration et la maîtrise sont mises en exergue, vous pouvez être assurés d'un triomphe.

9/22 ou 22/9 : Les performances les plus spectaculaires sont à votre portée car vous conjuguez le génie de la création et celui de la réalisation. Gloire et succès vous attendent certainement.

11/11 : Vous me faites penser à ces composés chimiques non saturés qui risquent d'exploser à tout instant... Si l'on ne vous manipule pas avec la plus grande précaution, les risques demeurent omniprésents.

11/22 ou 22/11 : Si le 22 n'est pas vécu comme un 4, tout est en place pour le bouquet final ! Mais n'oubliez pas que les feux d'artifice ne sont pas toujours inoffensifs...

22/22 : Avec un tel rapport de nombres, en admettant que vous soyez de vrais 22, vous ferez peut-être faire un grand pas à l'humanité. A condition toutefois de vous entendre pour mettre la fusée sur orbite !

Vous savez désormais calculer et interpréter vos Nombres-Clés et votre Chemin de Vie. Vous pouvez aussi déterminer vos chances de vous entendre avec un proche ou un supérieur. Il vous reste à découvrir des nombres complémentaires, ceux que j'ai choisi d'appeler VOS NOMBRES PERSONNELS.

Sans avoir l'importance des premiers qui forment la base de l'architecture de votre personnalité, ces nouveaux nombres sont néanmoins très utiles voire indispensables à la poursuite de votre investigation et de votre interprétation. Ils vont vous permettre en effet de nuancer la vision globale que vous avez acquise de votre caractère et de votre comportement.

Ces nouveaux paramètres, issus de calculs toujours très simples, constituent chacun une nouvelle source d'information qui permet d'affiner votre analyse. Sans être tous déterminants par eux-mêmes, ils vous offrent la possibilité, en confirmant ou en infirmant une tendance, de pondérer votre premier diagnostic. Bref, grâce à eux, vous serez bientôt en mesure de peaufiner votre étude numérologique ou, pour user du terme adéquat, votre THÈME.

VOS NOMBRES PERSONNELS

LA PIERRE ANGULAIRE PREMIÈRE LETTRE DE VOTRE PRÉNOM

Comme son nom l'indique, la pierre angulaire sert de base à l'édifice de votre vie.

Cette lettre est très importante car elle est la *PREMIÈRE LETTRE* de votre *PRÉNOM* qui, vous l'avez vu, joue un rôle très actif dans votre comportement. On attribue donc généralement à *la Pierre Angulaire* une valeur plus grande qu'aux autres lettres car les caractéristiques du nombre qu'elle représente se trouvent renforcées par la place de chef de file qu'elle occupe.

Exemple :
C H L O É   D U P O N T
3
La Pierre Angulaire de Chloé Dupont est le C c'est-à-dire le nombre **3** si l'on se réfère à l'alphabet numérique habituel.

Votre Pierre Angulaire est le 1

Votre voie est toute tracée : vous devez agir en autodidacte et garder cette maîtrise qui est l'apanage des chefs et des solitaires. Heureusement, au niveau de votre personnalité, ce nombre renforce vos qualités de discernement, d'autorité et de self-control. Ne perdez cependant jamais la maîtrise de votre égo.

Votre Pierre Angulaire est le 2

Il vous faudra coopérer avec les autres et parfois même compter sur eux. Mais dans le domaine de la relation et de l'amitié, vous savez que vous êtes depuis longtemps passé maître. D'autant plus que ce nombre accentue encore vos qualités de dialogue, de compréhension et d'intuition. Très curieux de vérités abstraites aussi bien que d'autrui en général, sachez néanmoins protéger votre fragilité naturelle.

Votre Pierre Angulaire est le 3

La communication et les échanges présideront à votre destinée. Vous vous tournerez tout naturellement vers les autres pour exercer votre talent oratoire et jouer de votre charme et de votre subtilité. Il faut dire que vous avez un pouvoir de conviction inégalable. Mais cette curiosité de tout ne doit pas dégénérer en verbiage ou en agitation.

Votre Pierre Angulaire est le 4

Un seul mot d'ordre : le travail. Vous serez viscéralement appelé à vous réaliser sur le plan concret. Votre rigueur, votre ténacité et votre loyauté ne manquent pas d'attirer les autres vers vous, notamment la famille à laquelle vous êtes tout dévoué. Mais prenez du recul par rapport à tous les problèmes qui risquent de rejaillir sur vous !

Votre Pierre Angulaire est le 5

Le fondement naturel de votre vie est la liberté avec ce que cela comporte de mutations et de risques d'instabilité. La souplesse, l'habileté et le dynamisme qui vous caractérisent y pourvoieront heureusement, pour autant que vous sachiez vous garder de l'imprudence et de l'impulsivité.

Votre Pierre Angulaire est le 6

Vous serez l'éternel garant de l'harmonie et de l'équilibre, même si vous devez pour ce faire avoir votre « overdose » de responsabilités. Grâce à votre générosité et votre diplomatie, vous êtes heureusement bien armé pour y faire face. Pensez un peu à vous tout de même, ne serait-ce qu'en développant ce talent artistique qui sommeille en chacun de vous.

Votre Pierre Angulaire est le 7

Vous donnerez la priorité à votre vie intérieure. Tourné vers la réflexion et l'isolement qu'exige votre indépendance aussi bien physique que morale, vous vous épanouirez dans l'originalité et la créativité. Faites en sorte de ne pas trop exiger de vous-même ni des autres.

Votre Pierre Angulaire est le 8

L'expansion matérielle sera logiquement au centre de vos préoccupations. Énergique, courageux, audacieux même, vous êtes l'archétype du battant et du gagneur. Sans parler de votre magnétisme qui est suffisant pour vous rallier toutes les causes et toutes les bonnes volontés mais dont vous ne devez pas abuser au risque de devenir possessif et jaloux.

Votre Pierre Angulaire est le 9

Votre vie se déroulera à une certaine altitude car vos préoccupations et vos intérêts sont essentiellement d'ordre humanitaire. Votre personnalité riche et parfois difficile à cerner, s'accommodera souvent mal des problèmes purement matériels dans la mesure où ceux-ci risquent d'écorcher votre sensibilité. L'idéal serait pour vous de pouvoir vous réaliser dans un domaine où la passion et le dévouement sont le moteur nécessaire de toute action.

L'EMPREINTE IRRÉVOCABLE DE VOTRE JOUR DE NAISSANCE

Les vibrations d'un nombre qui va exercer une forte emprise sur votre vie : le nombre du jour où vous êtes né.

D'une part l'analyse de ce nombre met en lumière des aspects tout à fait significatifs de votre personnalité, d'autre part elle donne la tonalité de l'ambiance d'une certaine période de votre vie. Cette période dite *active* se situe à peu près entre 25 et 55 ans.

Il y a 31 nombres possibles pour un *Jour de Naissance* mais l'étude de chacun d'entre eux risque d'être trop exhaustive dans le cadre de cet ouvrage. Ils seront donc étudiés par groupes de 3 ou 4, après les avoir réduits à un nombre compris entre 1 et 9, à l'exception du 11 et du 22.

> Exemple :
> le 4, le 13 et le 31 = **4**.

Vous êtes né le 1, le 10, le 19 ou le 28

Votre vie sera une perpétuelle conquête car vous aimez le risque et vous avez du sang-froid. Né pour bâtir et concevoir, vous avez un excellent potentiel d'invention. Très individualiste et confiant en vos capacités, vous serez le plus souvent l'élément moteur de toute entreprise. Vous êtes intéressé par la réussite matérielle et le pouvoir qu'elle procure. Vous pouvez cependant avoir d'autres centres d'intérêt, notamment si vous êtes né le 10 ou le 19 et peut-être réaliser une belle carrière artistique.

Vous êtes né le 2, le 20 ou le 29

Vous avez toutes les qualités requises pour vous fondre dans une dynamique de groupe, notamment la tolérance, la sincérité et le savoir-vivre. Dans votre vie privée, vous mettez volontiers l'accent sur la relation avec l'autre car vous avez le sens de la mesure et de la complémentarité. Votre personnalité est assez difficile à cerner car votre hyperémotivité vous porte à la rêverie et parfois à l'utopie. Attention aux risques de dépression si vous êtes né le 29.

Vous êtes né le 3, le 12, le 21 ou le 30

Vous aurez une vie d'une grande richesse car vos domaines d'activité sont très diversifiés. Une imagination débordante vous pousse constamment à vous renouveler. Votre ouverture d'esprit et votre affabilité vous prédisposent aux relations en général et à ces mondanités que vous prisez en particulier. Si vous êtes né le 21, vous avez du magnétisme, ce qui est un plus très apprécié, surtout dans un milieu artistique. Vous avez d'autre part une nature sensible, notamment les natifs du 30 qui ont une vie intérieure très dense et qui s'orientent parfois vers la défense de grandes causes.

Vous êtes né le 4, le 13 ou le 31

La notion d'accomplissement dans le travail est omniprésente. Vous avez la concentration et l'endurance nécessaires pour mener à bien toutes vos entreprises. Vous manquez un peu d'imagination certes, sauf si vous êtes né le 31. Généreux et loyal, vous avez souvent l'impression d'être incompris, ce qui vous rend parfois susceptible et irascible. Les natifs du 4 ont tendance à se figer dans un certain conservatisme par respect excessif de la tradition. Quant au 13, sa nature hypersensible risque de provoquer des remises en causes fréquentes et inattendues dans son parcours de vie.

Vous êtes né le 5, le 14 ou le 23

Vous connaîtrez certainement beaucoup de changements géographiques dans votre existence. Votre mobilité physique et psychique y trouvera son compte. Vous vous épanouirez de préférence dans des secteurs d'activité où l'on ne met pas seulement l'accent sur le travail intellectuel mais aussi sur l'expression corporelle. Toujours sous tension, perspicace, magnétique, vous galvaniserez votre entourage.

Ceux qui sont nés le 14 risquent de temps à autre d'être bloqués dans leur trajectoire et de perdre patience. Quant à ceux qui sont nés le 5, je ne saurais trop leur recommander la prudence en toutes choses. Pour tous, votre talon d'Achille reste l'instabilité !

Vous êtes né le 6, le 15 ou le 24

Vous bénéficierez d'une certaine sécurité affective et matérielle mais vous aurez souvent des tâches difficiles à accomplir. Vous assumerez vos charges professionnelles et familiales avec une conscience qui vous honore. La dimension artistique est évidente chez tous les 6 car ils sont dotés d'intuition et d'une grande sensibilité. Les natifs du 6 sont très dynamiques et ceux du 24 plutôt rêveurs. Enfin, ceux qui sont nés le 15 auront plus particulièrement affaire à Cupidon !

Vous êtes né le 7, le 16 ou le 25

Vous vivrez sous le signe de l'indépendance aussi bien morale que physique et vous déploierez une intense activité cérébrale. Votre évolution risque d'être empreinte d'une certaine lenteur mais le plus souvent d'une grande originalité. Et puis, vous bénéficierez toujours de concours de circonstances aussi heureux qu'inattendus ! Ne laissez pas gâcher votre curiosité et votre intuition par le perfectionnisme ou le pessimisme si vous êtes né le 25 et encore moins par l'intolérance si vous êtes né le 16.

Vous êtes né le 8, le 17 ou le 26

Vous jouirez au contraire de la possibilité d'une évolution rapide que favorisent largement vos qualités de combativité, de détermination et d'audace. Mais attention, vous ne devrez pas minimiser les risques qui accompagnent un tel privilège et qui se traduisent généralement par une chute aussi spectaculaire que l'ascension qui l'a précédée. Les natifs du 17 bénéficient de la protection de leur bonne étoile. Les natifs du 8, particulièrement carriéristes et intrépides devront par contre être vigilants.

Vous êtes né le 9, le 18 ou le 27

Un idéal ou une vocation sera souvent à la base de votre réussite et de votre épanouissement car vous vibrez intensément pour tout ce à quoi vous aspirez. Vous aurez besoin de grands espaces ou de vastes horizons pour assouvir votre soif de connaissance. Vous possédez des talents littéraires ou artistiques qu'il faudrait exploiter surtout si vous êtes né le 9 ou le 18. Les natifs du 27 peuvent s'avérer de grands stratèges au niveau des affaires internationales. Mais ils sont particulièrement vulnérables sur le plan affectif et émotionnel. A tous il faut recommander de bien réfléchir avant de s'impliquer dans quoi que ce soit.

Vous êtes né le 11

Ce maître-nombre vous confère les qualités nécessaires pour mener à bien des entreprises ambitieuses : intelligence supérieure, détermination, intuition. Vos prises de position extrémistes ainsi que vos réactions vives peuvent dérouter votre entourage tout en le subjuguant. Des problèmes d'ordre affectif surgissent souvent sur votre parcours endiablé. Essayez dans la mesure du possible de vous réserver des moments de relaxation car ils sont indispensables à votre équilibre moral et physique.

Vous ressentirez également le besoin de concrétiser des ambitions ou des idéaux de très haut niveau. Vous serez aidé en cela par votre magnétisme, votre sens aigu de la négociation et une approche aussi réaliste que concrète des situations. Ce nombre vous permet également de privilégier le domaine de la spiritualité. Outre l'émotivité et la nervosité qui sont à surveiller, j'ajouterai quelques conseils de prudence pour toutes vos entreprises car le 22 risque toujours de les rendre hasardeuses.

ÊTES-VOUS CAPABLE DE SURMONTER L'INSURMONTABLE ?

Vous savez que la vie quotidienne apporte son lot de petites contrariétés et de difficultés qu'il vous faut résoudre coûte que coûte. Pour ce faire, vous utilisez la potion miracle, une dose d'énergie et un zeste de bonne humeur et cela suffit en général pour que tout rentre dans l'ordre.

Mais que se passe-t-il le jour où un orage particulièrement violent s'abat sur votre tête sans crier gare ? Comment réagissez-vous quand un problème grave, voire insoluble, surgit dans votre vie ?

C'est à ce moment-là, lorsque vous vous trouvez au pied du mur, qu'il est bon de connaître votre réelle capacité à surmonter l'insurmontable, c'est-à-dire de savoir comment vous réagissez devant des événements inattendus. Or, cette réponse vous est donnée par votre *Nombre de Réaction*.

Comment le calculer ? En additionnant votre *NOMBRE ACTIF*, c'est-à-dire la somme des lettres de votre prénom et le Nombre de votre *JOUR DE NAISSANCE*.

Exemple :
C H L O É
3 8 3 6 5 = 25 = 7
Le Nombre Actif de Chloé Dupont est le 7.
Son Jour de Naissance est le 22 = 4
Nombre de Réaction : 7 + 4 = 11
Le Nombre de Réaction de Chloé Dupont est le **11**.

Calculez le vôtre :

5

Votre Nombre de Réaction est le **1**

Comme d'habitude, vous essayez de vous en sortir seul. Faisant fi des conseils et des secours éventuels, vous empoignez votre problème avec audace et détermination, fermement résolu à le résoudre par vous-même. Cela vous oblige naturellement à prendre sur vous et à maîtriser une anxiété que vous ne voudriez en aucun cas laisser paraître. Mais c'est là le genre de challenge qui vous fascine, n'est-ce pas ?

Votre Nombre de Réaction est le 2

Votre nature plutôt calme voire passive vous incite d'abord à rentrer dans votre coquille pour faire le point et attendre la suite des événements. Mais devant la gravité de la situation il vous faut bien agir. Alors, vous quêtez le conseil ou l'aide des gens qui vous entourent et l'obtenez généralement de bonne grâce car ceux-ci savent pertinemment que vous en ferez bon usage ou l'apprécierez comme il se doit. Pour vous, l'union fait la force !

Votre Nombre de Réaction est le 3

Même si la situation s'avère particulièrement périlleuse, vous essayez toujours de vous en sortir par une pirouette. Il faut reconnaître que vous avez une facilité innée pour contourner les difficultés. Soit que vous trouviez une solution originale et inattendue à votre problème, soit que vous déployiez toute votre habileté voire votre ruse pour échapper au danger qui vous menace. Et puis, si vous avez une occasion d'exploiter vos talents de séduction, vous ne la laisserez certainement pas échapper...

Votre Nombre de Réaction est le 4

Comme votre unique religion est le travail et que rien ne résiste à la longue à la puissance du travail, peut-on parler pour vous de problème ou de situation insurmontable ? Devant l'adversité vous n'hésitez pas : vous travaillez un peu plus encore pour essayer de trouver des solutions constructives et durables. Et si l'obstacle vous résiste, vous déclenchez le plan de survie : rigueur, méthode, persévérance et même obstination si nécessaire. C'est la technique du rouleau compresseur...

Votre Nombre de Réaction est le 5

Qu'importe la difficulté pourvu que vous préserviez votre liberté personnelle ! Et pour ce faire, vous êtes capable de déployer la souplesse, l'imagination et l'audace d'un sioux. En fait, une situation ne devient insupportable à vos yeux que lorsque votre sacro-sainte indépendance se trouve vraiment menacée. Alors, vous n'hésitez pas à remettre tout en cause pour parer au danger. Et là, votre réaction peut être très impulsive et même violente...

Votre Nombre de Réaction est le 6

Qu'un fâcheux incident vienne rompre l'harmonie que vous vous ingéniez à faire régner autour de vous et vous êtes prêt à tout pour sauver la situation. Habitué que vous êtes à vous sacrifier sur l'autel des responsabilités et des obligations, vous en endossez un peu plus, voilà tout ! Et vos talents de diplomate ainsi que votre charme font le reste... Sans oublier l'art que vous avez de vous assurer le soutien inconditionnel de votre cellule familiale.

Votre Nombre de Réaction est le 7

Pas de panique ! On réfléchit d'abord, on agit ensuite. Vous cherchez toujours à apporter une solution réfléchie à un problème quel qu'il soit. La situation est dramatique, fort bien ! Vous commencez par vous livrer à une étude approfondie des faits puis vous dressez un diagnostic qui vous permettra de choisir la stratégie la plus appropriée. Et avec l'intuition que l'on vous connaît, je vous promets qu'elle risque le plus souvent d'être ingénieuse et originale...

Votre Nombre de Réaction est le 8

Tout obstacle placé sur votre trajectoire attise en vous le désir de vaincre et de réussir. Les situations gravissimes constituent donc d'excellents prétextes pour donner la pleine mesure de votre combativité et de votre énergic. Quelles que soient les circonstances, vous cherchez des solutions matérielles et concrètes à vos problèmes, avec cette efficacité caractéristique qui vous permet toujours de vous tirer d'affaire.

Votre Nombre de Réaction est le 9

Dans une douloureuse affaire, on peut faire confiance à votre générosité et votre dévouement car vous réagissez toujours en fonction de l'intérêt général même si c'est à votre détriment. Votre approche globale des événements qui n'est que l'heureuse conséquence de votre vision ample de toutes choses vous incite à envisager des solutions humaines, toujours pour le plus grand bien de tous. Et si parfois vous vous laissez emporter par l'émotivité et la passion, c'est toujours dans une perspective idéaliste.

Votre Nombre de Réaction est le 11

Naturellement vous aborderez les problèmes dans la même perspective que le nombre 2 mais, comme il y a un 11 caché derrière ce 2, vous risquez fort d'être particulièrement inspiré et de recevoir des éclaircissements inespérés au moment le plus critique. C'est cela le cadeau du 11, l'intuition...

Votre Nombre de Réaction est le 22

Comme pour le 11, vous aurez tendance à maîtriser les situations à la manière du 4 puisque votre nombre n'est que sous-jacent. Mais votre prodigieux esprit d'invention allié à votre inspiration créatrice vous permettra d'échapper avec brio aux pièges les plus redoutables.

DÉPISTEZ VOS INITIALES ET SUIVEZ-LES A LA TRACE

Suffisantes pour parapher un texte officiel, vos initiales sont les lettres-clés qui gèrent votre quotidien.

La somme de vos initiales traduites en nombres forme ce que l'on appelle *le Nombre d'Équilibre*. Comme son nom l'indique, il traduit concrètement de quelle façon vous assurez votre stabilité et votre équilibre intérieur. Il est donc fondamental de le calculer et de connaître sa signification pour mieux gérer votre comportement quotidien.

Comment le calculer ? En additionnant la valeur numérique des *LETTRES* qui forment vos *INITIALES*.

> Exemple :
> les Initiales de Chloé Dupont sont le C et le D.
> C + D = 3 + 4 = 7
> *Le Nombre d'Équilibre* de Chloé Dupont est le **7**.

Si la somme de vos initiales vous donne un nombre à deux chiffres, vous le réduisez comme à l'accoutumée à un nombre compris entre 1 et 9, sauf s'il s'agit du 11 ou du 22.

D'autre part, n'oubliez pas que toutes les initiales doivent être prises en compte. Par exemple, les Initiales de Marie-France Dupont seront MFD = 4 + 6 + 4 = 14 = 5.

Enfin, si le nom comporte une particule, il faut ajouter l'initiale de cette particule. Par exemple, les initiales de Marie-France Dupont de Nemours seront les suivantes : M F D D N soit 4 + 6 + 4 + 4 + 5 = 23 = 5.

Calculez le vôtre :

Le Nombre de vos Initiales est le 1

Vous avez besoin de décider et de vous réaliser seul. Avec la volonté et l'esprit d'indépendance que l'on vous connaît, la source de votre équilibre passe par le commandement, la reconnaissance de votre supériorité par les autres et souvent par le dépassement de vous-même. Mais n'en profitez pas pour écraser tout et tous sur votre passage !

Le Nombre de vos Initiales est le 2

A l'inverse du 1, vous aimez seconder plus que diriger et Dieu sait si vous avez les qualités requises pour faire un brillant second. Car fondamentalement vous aimez partager et votre grande sensibilité a besoin de s'exprimer dans un contexte harmonieux et équilibré. Ce qui ne veut pas dire qu'il faille être soumis et encore moins passif.

Le Nombre de vos Initiales est le 3

Vous parlez, vous pensez, vous agissez dans la foulée. Tout cela est très dynamique à condition d'être bien géré. La patience n'étant pas votre qualité première, essayez de canaliser cette énergie en la mettant au service d'un don artistique par exemple.

Le Nombre de vos Initiales est le 4

L'organisation, le travail et la sécurité constituent la pierre angulaire de votre édifice. Les autres se reposent d'ailleurs volontiers sur vous car ils vous savent organisé, prudent et fiable. Mais à force de vouloir trop bien faire, on devient vite routinier ou intolérant.

Le Nombre de vos Initiales est le 5

Si l'action voire l'évasion ne sont pas au rendez-vous de votre existence, vous risquez de mourir d'ennui. Il faut donc impérativement que vous meniez une existence variée et libre et que vous exerciez une activité physique quotidienne si vous ne voulez pas tomber dans des excès regrettables.

Le Nombre de vos Initiales est le 6

Vous aimeriez que votre horizon ne soit qu'amour et beauté car vous êtes idéaliste et généreux. Mais vos sentiments ont parfois tendance à prendre le pas sur votre raison. Veillez à ne pas glisser de la sensibilité vers la sensiblerie.

Le Nombre de vos Initiales est le 7

La tranquillité, la réflexion et la méditation sont vos domaines de prédilection. Curieux de tout, hyperintuitif, vous conjuguez souvent avec succès la recherche intellectuelle et la démarche spirituelle. Mais veillez à ne pas laisser le doute vous envahir !

Le Nombre de vos Initiales est le 8

Le courage et la volonté proverbiale de ce nombre vous font courir après la réussite et le pouvoir sous toutes ses formes, même s'il vous faut prendre des risques pour cela. Essayez si possible de ne pas vous limiter à ce seul objectif et d'élargir, ou mieux, de diversifier vos centres d'intérêts.

Le Nombre de vos Initiales est le 9

Être d'idéal et d'absolu, à vous les grandes causes humanitaires et altruistes ! Vous y assouvirez votre besoin de générosité et d'évasion. Mais sachez contrôler votre émotivité et votre sensibilité qui sont souvent à vif et ne tentez surtout pas de trouver dans des paradis artificiels et décevants l'apaisement que vous recherchez !

Le Nombre de vos Initiales est le 11

Sans vouloir négliger les aspects fondamentaux du nombre 2, vous avez en tant que 11 une tout autre dimension dans la mesure où vous êtes galvanisé par l'inspiration et l'intuition. Poursuivez donc vos idéaux qui sont élevés et louables mais essayez de maîtriser votre tension nerveuse.

Le Nombre de vos Initiales est le 22

Là encore il ne faut pas perdre de vue les attributs du 4 mais les aspects constructifs de votre 22 sont infiniment plus ambitieux. Votre extraordinaire puissance de travail alliée à votre esprit inventif ne doit cependant pas vous permettre toutes les excentricités.

SURMONTEZ CES HANDICAPS QUE SONT VOS DÉFIS DE CARACTÈRE !

A l'instar des Karmas, les *Défis* s'inscrivent à l'origine en négatif dans votre thème. Ils constituent en quelque sorte des difficultés supplémentaires ou des problèmes que vous aurez à résoudre dans cette vie. Mais il faut savoir que si vous adoptez une attitude ou un comportement appropriés, vous serez en mesure de corriger ces défauts, de combler ces manques, en un mot de relever ces Défis.

Il existe trois sortes de Défis. *Comment les calculer ?*

Le Défi du « Moi Profond » s'obtient en soustrayant la *PREMIÈRE VOYELLE* de votre prénom et la *DERNIÈRE VOYELLE* de votre nom, ou inversement bien sûr, si la valeur numérique de cette dernière est supérieure à la première.

Le Défi de Réalisation s'obtient en soustrayant la *PREMIÈRE CONSONNE* de votre prénom et la *DERNIÈRE CONSONNE* de votre nom ou inversement.

Le Défi de Personnalité est la *RÉSULTANTE* de l'addition de ces deux défis. Si l'une de ces opérations fait apparaître un défi 0, vous ne tenez pas compte de ce défi tout simplement.

Exemple :

C H L O É   D U P O N T
3   6   6 2

Défi du « Moi Profond » : O − O = 6 − 6 = 0
Défi de Réalisation : C − T = 3 − 2 = 1
Défi de Personnalité : 1 + 0 = 1

Les Défis de Chloé Dupont sont donc
le **1** à la Réalisation et le **1** à la Personnalité.

Le Défi du « Moi Profond » concerne votre vie affective et familiale. C'est donc dans ce domaine que vous devrez plus particulièrement concentrer vos efforts.
Le Défi de Réalisation intéresse plus particulièrement votre vie professionnelle.
Enfin le défi résultant des deux autres, c'est-à-dire le Défi de Personnalité, s'applique à votre comportement en général.

A vous de calculer les vôtres :

1 − 3 = 2
3 − 6 = 3
5

Attention ! Il se peut que vos Défis vous semblent en contradiction avec ce que vous savez déjà de votre caractère.

Il faut impérativement vous référer à vos autres nombres pour bien orienter votre interprétation. Sachez en effet que si vous avez un karma de I ou que votre thème est pauvre en I, votre Défi I devient une confirmation de votre incapacité à vous imposer et qu'il faut réagir en sens inverse. Alors, ouvrez l'œil !

Défi 1

CANALISER SON ÉNERGIE. Vouloir s'imposer, voilà un objectif très louable mais qui ne doit pas être synonyme de vouloir imposer sa volonté aux autres. Être ferme, déterminé et sûr de soi n'est pas interdit bien au contraire à condition de maîtriser ses énergies en conservant toujours une certaine rigueur. Tel est le défi qui vous échoit et qu'il vous faut relever sans toutefois tomber dans l'excès inverse.

Défi 2

INDULGENCE OBLIGE. Accepter toute forme d'association, d'union ou de travail en équipe, bref vivre en bonne intelligence avec autrui, tel est le challenge qui vous est imposé. Efforcez-vous d'être attentif à ceux qui vous entourent et plus précisément de les accepter tels qu'ils sont. Mais, si vous êtes particulièrement émotif et influençable, n'allez pas non plus vous laisser dominer ni subir leur volonté.

Défi 3

ÊTRE EXTRAVERTI... MAIS AVEC MODÉRATION. Essayez de communiquer, de vous exprimer ou d'améliorer vos contacts sociaux, en d'autres termes sortez de cette coquille où vous avez tendance à vous complaire en vous prenant pour un incompris. Mais n'en faites pas trop non plus car vous risqueriez vite d'envahir votre voisin ou de gaspiller inutilement votre énergie. Enfin, dans votre vie privée, évitez ces accès d'extravagance qui ne sont qu'un prétexte pour dissimuler votre timidité...

Défi 4

DE L'ORDRE AVANT TOUT ! Construire, travailler, vous structurer, telle est la leçon qui vous est imposée. Elle passe naturellement par l'ordre, l'efficacité, l'application et le courage. La découverte d'une activité en harmonie avec votre « Moi Profond » peut vous y aider considérablement. Mais attention à ne pas verser non plus dans le conservatisme, ce qui vous empêcherait de relever ce défi qui vous impose avant tout de trouver le juste équilibre.

Défi 5

MÉRITER SA LIBERTÉ. Difficile tâche que celle de maîtriser son instabilité, son goût du changement, du risque et des excès en tout genre. Mais aussi quelle récompense de réussir à gérer sa liberté personnelle, à endiguer son impulsivité et à canaliser toute son énergie dans la meilleure des directions. Alors, relevez le défi !

Défi 6

VIVRE AVEC LES IMPERFECTIONS DE L'AUTRE... C'est le défi de ceux qui, non contents d'assumer leurs propres responsabilités, ont tendance à vouloir endosser celles des autres. Par pure générosité naturellement, mais il en résulte une sensation d'étouffement pour l'entourage proche. Je leur conseille donc d'essayer de se montrer moins exigeants et perfectionnistes, d'accepter les gens tels qu'ils sont et, sur le plan personnel, de dépasser leurs problèmes affectifs.

Défi 7

DE L'ACTION ! Il est très louable de travailler à développer son potentiel intérieur mais ce défi vous incite précisément à sortir de votre tour d'ivoire pour tenter de vous affirmer d'une manière plus concrète. En somme, ne vous contentez pas de méditer, agissez ! Démarche salutaire pour quelqu'un qui a plutôt tendance à se montrer introverti et pessimiste.

Défi 8

DE LA TOLÉRANCE ! La sécurité matérielle est au premier plan de vos préoccupations. C'est bien, mais ne vous laissez pas non plus obséder par l'argent et le pouvoir qu'il donne. Vous risqueriez de devenir intolérant, tyrannique et même avare. D'une manière générale, un peu plus de nuance dans vos jugements et vos attitudes vous fera mieux admettre et reconnaître par votre entourage.

Défi 9

AIMEZ-VOUS LES UNS LES AUTRES. Ce défi ne peut évidemment pas se rencontrer au « Moi Profond » ni à la Réalisation puisque le nombre 8 est le nombre maximum que l'on puisse obtenir par soustraction. Mais s'il vous échoit à la Personnalité, essayez de devenir altruiste, de comprendre les autres, d'avoir de la compassion pour ceux qui le méritent et, au niveau spirituel, d'apprendre l'amour universel. C'est une tâche écrasante mais passionnante.

VOTRE NOMBRE SYNTHÈSE CELUI DE VOTRE ARCANE DE VIE

Il représente globalement
votre identité et votre destinée
car il en est la synthèse chiffrée.

L'Arcane de Vie est un nombre qui vous est tout à fait personnel car il ne tient pas seulement compte des lettres qui composent votre nom ou des nombres qui forment votre date de naissance mais de l'ensemble de ces deux données.

Vous pouvez en effet avoir le même nom ou la même date de naissance que votre voisin mais l'addition de ces deux éléments forme un nombre qui vous est propre et que certains numérologues appellent à juste titre *nombre unique* ou *nombre cosmique.*

Dans la mesure où l'interprétation de ce nombre est étroitement liée à celle des 22 arcanes du Tarot, je préfère souligner ses origines et l'appeler l'Arcane de Vie.

Comment le calculer ? En additionnant votre *NOMBRE ACTIF*, votre *NOMBRE D'HÉRÉDITÉ* et votre *CHEMIN DE VIE*.

Exemple :
C H L O É   D U P O N T
3 8 3 6 5   4 3 7 6 5 2
25 = 7   27 = 9
Nombre Actif = *7*   Nombre d'Hérédité = *9*
Elle est née le 22.2.1966
on pose : 22
+ 2
1966
———
1990
1990 = 1 + 9 + 9 + 0 = 19 = 1
Chemin de Vie = 1
Arcane de Vie = 7 + 9 + 1 = 17
L'Arcane de Vie de Chloé Dupont est le 17 ou plus précisément le **XVII**.

Exceptionnellement le nombre ainsi obtenu *ne se réduit que s'il est supérieur à 22* étant donné que le Tarot comporte 22 arcanes majeurs. D'autre part, on écrit ce nombre en *chiffres romains* comme on a coutume de le faire pour le Tarot. Donc, l'Arcane de Vie de Chloé Dupont est le XVII.

Arcane de Vie I

Le BATELEUR du Tarot vous donne une personnalité vive, originale, habile, créative. Votre vie sera remplie d'activités et de changements souvent imprévus. Mais attention à ne pas vouloir tout régenter et à conserver une certaine stabilité.

Arcane de Vie **II**

C'est la PAPESSE qui vous domine avec ce qu'elle apporte d'imagination, d'intuition et de réserve. Votre vie sera sereine et équilibrée et votre patience récompensée par un succès peut-être tardif mais certain. L'émotivité et la dissimulation sont à surveiller.

Arcane de Vie **III**

La belle IMPÉRATRICE vous confère la créativité, la lucidité, l'ouverture d'esprit mais aussi la frivolité, l'insouciance matérielle et une certaine confusion. Si vous réussissez à sauvegarder un bon équilibre, votre vie subira une évolution heureuse, avec des contacts féconds et des ambitions comblées.

Arcane de Vie **IV**

La maîtrise, l'autorité et la stabilité de l'EMPEREUR vous permettent de vous réaliser avec succès sur le plan concret, à condition toutefois de faire preuve de rigueur et de persévérance. Le succès matériel est alors au rendez-vous avec, en prime, les protections et les appuis.

Arcane de Vie **V**

Le PAPE veille sur ces indépendants et impulsifs que sont les V en les aidant à maîtriser leurs conflits intérieurs et à contrôler d'éventuels abus de liberté. Son inspiration et sa protection spirituelle leur permettront de transformer l'aventure en expérience et l'insouciance en sagesse.

Arcane de Vie VI

Sociable, sensible, éternellement en quête d'harmonie et d'équilibre vous vous trouvez, comme l'AMOUREUX de ce sixième arcane, dans l'obligation de faire des choix. A vous de savoir utiliser votre libre-arbitre qui est grand pour trancher entre le travail et la famille, assumer vos nombreuses responsabilités et écarter les tentations de facilité.

Arcane de Vie VII

La fougue, l'énergie, le besoin d'action et de mouvement vous entraînent, tel le jeune homme sur le CHARIOT de l'arcane VII, vers une vie d'indépendance, de voyages et de réussite mais au prix d'efforts et de luttes. Vous êtes aidé en cela par une excellente protection.

Arcane de Vie VIII

Avec cet arcane, il convient de préserver un équilibre et d'éviter les désordres en tous genres. Sinon la JUSTICE, puisque c'est d'elle qu'il s'agit, s'abat impitoyablement, entraînant toutes sortes de soucis et de déboires. Mais si la règle du jeu est respectée, la vie devient positive et la réussite assurée car la justice est avant tout équitable et impartiale.

Arcane de Vie IX

La réflexion, la patience et la prudence guident l'HERMITE du Tarot vers une vie de découverte et de connaissance. Vous connaîtrez donc peut-être la solitude et même l'abnégation mais elle sera récompensée au bout du compte par le succès. Les voyages et l'étranger pourront vous attirer au point d'avoir du mal à vous fixer. Il vous faudra surveiller l'égoïsme et éventuellement la misanthropie.

Arcane de Vie X

La ROUE DE FORTUNE de l'arcane X apporte manifestement le dynamisme et la chance mais aussi des hauts et des bas dans l'existence. Si vous savez rester prudent et gouverner votre vie, tous ces changements, mouvements et autres transformations s'avèreront finalement bénéfiques. L'arcane X est souvent considéré comme une protection pour les gens du voyage et les artistes.

Arcane de Vie XI

La FORCE, comme son nom l'indique, implique la maîtrise de toutes les énergies, la vitalité, la détermination, la santé mais aussi parfois la dureté, l'emportement et la nervosité. Avec cette Force, vous finirez toujours par triompher mais vous devrez conquérir cette victoire de haute lutte.

Arcane de Vie XII

Le PENDU de cet arcane ne se trouve pas, lui, en position de force. Fragilité, impuissance, renoncement le caractérisent.

Une lucidité à toute épreuve vous est indispensable pour éviter les écueils, les erreurs et les sacrifices qui risquent d'assombrir votre vie matérielle. Mais par contre, le désintéressement et le don de soi peuvent vous amener sur la voie d'un développement intérieur et spirituel d'une extrême richesse.

Arcane de Vie XIII

La destinée tracée par l'ARCANE SANS NOM est de nature capricieuse. Elle est sujette à des transformations radicales et brusques auxquelles il faut faire face avec courage, travail et intelligence. Si vous admettez de repartir à zéro et surtout en vous appuyant sur des bases solides, vous vous renouvellerez et renaîtrez avec d'autant plus de maîtrise. A signaler que l'arcane XIII peut vous faire bénéficier de concours de circonstances inattendus.

Arcane de Vie XIV

Équilibre est le mot-clé de cet arcane qui porte bien son nom : TEMPÉRANCE. Adaptabilité, modération, réceptivité et patience sont les qualités nécessaires pour l'acquérir. Car votre vie, bien qu'en perpétuelle mouvance, évolue dans un contexte de calme et d'uniformité qui supporte mal l'impulsivité et les contradictions.

Arcane de Vie XV

Le DIABLE qui figure sur cet arcane symbolise toutes les forces du monde matériel ainsi que l'attrait qu'elles peuvent exercer sur l'être humain. Le bonheur physique et matériel a donc beaucoup d'importance à vos yeux. Vous êtes capable pour cela de déployer une activité intense et d'assumer de lourdes responsabilités. Mais gare à l'égoïsme, au manque de scrupules et aux excès en général.

Arcane de Vie XVI

Une destinée imprévue et irrégulière vous attend. Changements, recommencements, voire échecs, s'y succèdent. Mais cette MAISON-DIEU appelée aussi TOUR FOUDROYÉE n'implique pas une chute irrémédiable pour qui sait tirer les leçons de la sanction qui lui a été infligée. Elle peut au contraire lui fournir l'occasion de mieux reconstruire son avenir.

Arcane de Vie XVII

Bienheureux ceux qui sont protégés par l'ÉTOILE du Tarot, car celle-ci leur apporte l'harmonie, l'inspiration, l'amour, l'épanouissement et la chance. Mais il faut évidemment les mériter.

Arcane de Vie XVIII

L'imagination, la sensibilité, la réceptivité, l'intuition sont les atouts de ceux qui avancent dans la vie éclairés par la seule lueur de la LUNE. Ils leur seront indispensables pour déjouer les mirages et les pièges qu'ils rencontreront dans la traversée de ces marécages d'où ils sortiront souvent sublimés et parfois même unanimement reconnus.

Arcane de Vie XIX

A l'inverse, c'est le SOLEIL qui éclaire votre route. L'amour, la joie, la santé, la réussite vous seront offerts à condition de rester attentif, modeste et tolérant.

Arcane de Vie XX

Les trompettes du JUGEMENT annoncent les surprises, les événements inattendus et le renouveau. Il faut que vous fassiez preuve d'inspiration, d'enthousiasme et d'ambition pour tirer le meilleur parti de ces changements et voir tous vos efforts justement récompensés.

Arcane de Vie XXI

Très bénéfique est l'arcane du MONDE pour ceux qui savent faire profiter les autres de la chance et du succès qu'il leur apporte. Une vie protégée, faite de communication et de voyages leur sera alors réservée.

Le Fou ou le Mat

Le FOU ou le MAT du Tarot ne porte pas de numéro car il est à la fois fin et commencement du Grand Cycle. Il apporte une vie de grandes réalisations à qui sait faire preuve de détachement matériel, de dignité et de mesure. Mais il génère aussi de grandes épreuves à celui qui se montre envers et contre tout déraisonnable. A vous de faire le bon choix et de suivre avec lui la bonne route.

VIBREZ A L'UNISSON DE VOTRE ANNÉE PERSONNELLE

Le nombre de l'année personnelle permet de connaître le climat général de l'année en cours dans le cadre d'un cycle de 9 ans.

Chaque *Année Personnelle* apporte en effet son lot de vibrations spécifiques qui donnent une tonalité particulière à l'atmosphère générale de l'année en cours.

Comment calculer votre Année Personnelle ? En additionnant votre *JOUR*, votre *MOIS DE NAISSANCE* et *L'ANNÉE EN COURS* puis en réduisant comme à l'accoutumée le chiffre ainsi obtenu à un nombre compris entre 1 et 9.

> Exemple :
> Si Chloé Dupont est née le 22 février, c'est-à-dire le 22.2. vous posez :
>
> $$\begin{array}{r} 22 \\ + \quad 2 \\ 1992 \\ \hline 2016 \end{array} = 2 + 0 + 1 + 6 = 9$$
>
> Le nombre de l'année personnelle de Chloé Dupont est le 9
> On dit que Chloé Dupont est *en Année Personnelle* 9 ou *en Année* **9**.

Les Années Personnelles sont au nombre de 9, car nous vivons au rythme de cycles de neuf ans.

Année Personnelle 1

C'est une année capitale car elle marque le début d'un nouveau cycle. Elle se caractérise par un regain d'activités et de responsabilités et peut apporter des changements dans votre orientation ou votre carrière. C'est le moment d'aller de l'avant et de ne pas ménager vos efforts. Si vous voulez démarrer une activité, mettre en application de nouveaux projets ou simplement prendre de nouvelles initiatives, sachez que c'est l'année idéale pour ce faire. Sur le plan personnel, elle est souvent ressentie comme une année d'isolement mais elle peut aussi réserver la surprise d'une rencontre qui engage votre avenir. Enfin, un changement de domicile n'est pas rare en Année 1.

Année Personnelle 2

Ce qui a été semé en Année 1 pousse et se cultive en Année 2. Ce n'est donc plus le moment d'entreprendre mais de peaufiner, sauf si vous avez des projets d'ordre associatif. N'oublions pas que l'Année 2 est dominée par les relations avec autrui. C'est également une année assez dualitaire qui peut apporter, suivant le contexte de vos autres nombres, l'harmonie ou le conflit, les discussions ou les solutions. De sorte que pendant cette période vous pouvez tout aussi bien trouver un emploi que le perdre, vous marier que divorcer. La prudence est donc de rigueur.

Année Personnelle 3

Voilà une année bien agréable qui devrait vous apporter l'épanouissement et le succès dans tous les domaines. A condition bien sûr que vous ayez préparé le terrain comme il se doit en Année 1 et en Année 2. C'est l'année de la récolte, mais une récolte qu'il ne faut pas dilapider. Sans vous éparpiller, profitez donc de cette période faste pour développer votre créativité, favoriser les rencontres amicales ou faire un petit voyage. L'Année personnelle 3 est aussi une année favorable pour la naissance d'un enfant... ou d'une œuvre.

Année Personnelle 4

Après le réconfort, l'effort... Cette année s'inscrit sous le signe du travail et son rythme est lent et laborieux. C'est une période néanmoins très constructive si vous acceptez les obligations qu'elle impose. A la maison comme au travail, revoyez vos affaires en ne négligeant aucun détail. Sur le plan personnel, attendez-vous à des délais ou des retards dans vos projets, voire à des problèmes d'ordre familial ou affectif. A moins que ce ne soit le calme plat ! Si vous pratiquez la patience et la persévérance et si vous ne preniez pas de risques inutiles, vous franchirez très calmement le cap de cette année difficile mais enrichissante.

Année Personnelle 5

Elle marque la mi-temps de votre cycle de 9 ans et vous apporte en récompense l'épanouissement et le changement tous azimuts. Pour autant que vous ayez respecté la règle du jeu en Année 4 bien sûr ! Mutation, promotion, transformation sont à l'ordre du jour. Vous ressentez un besoin d'indépendance et de liberté qui vous donne le goût des voyages, des rencontres et peut-être aussi l'envie de déménager. Mais attention, la prudence est plus que jamais de mise en Année 5 car c'est une période à hauts risques qui peut entraîner la chute aussi bien que favoriser l'expansion et l'avancement.

Année Personnelle 6

C'est une année de responsabilités et de stabilisation tant au plan professionnel que domestique. L'accent est mis sur le foyer et la famille mais aussi sur votre travail qui peut évoluer favorablement. Une réorganisation ou une promotion ne sont pas impossibles, avec les décisions et les choix parfois cruciaux que cela implique. L'Année Personnelle 6 est très favorable au mariage et à une grossesse. Elle peut aussi, hélas, être propice à un divorce. Enfin, elle assure toujours une bonne protection dans le domaine financier. Si vous avez un investissement immobilier à faire, c'est le moment !

Année Personnelle 7

Voici revenu le temps du calme et de la réflexion. Un ralentissement général de l'activité de même qu'un certain isolement sentimental permet de faire le bilan des six années écoulées mais aussi d'élaborer sagement de nouveaux projets pour l'avenir. Dans la mesure du possible, évitez de changer de travail et de contracter une union en Année 7. Ne négligez pas votre santé et n'oubliez pas que les gains, les événements et les coups de chance inattendus sont souvent un cadeau de l'Année Personnelle 7.

Année Personnelle 8

Démarrage en flèche pour cette année qui donne la priorité à la vie matérielle et concrète. C'est le temps où les ambitions renaissent pour vous permettre de récolter la moisson des années précédentes. C'est aussi une année de chance, au même titre que l'Année 5. Profitez de cette période pour décrocher la promotion que vous souhaitez ou réaliser le projet ambitieux qui vous tient à cœur. Mais ne relâchez jamais votre vigilance car c'est une année à double tranchant. Elle peut précipiter votre ascension aussi bien que votre perte, ne l'oubliez jamais ! Sur le plan sentimental, contei. z-vous de préserver l'équilibre et, si votre couple est en cris éparez-vous pour une éventuelle rupture. Enfin, veill. votre santé et surtout aux accidents toujours possibles... Donc, en avant pour l'Année 8 mais restez aux guets !

Année Personnelle 9

Elle marque l'achèvement du cycle, de ce cycle de 9 ans qui a été celui de toutes les expériences, de tous les succès et peut-être aussi de tous les échecs. C'est le moment attendu du bilan définitif où l'on doit régler les comptes, terminer ce qui a été entrepris et faire place nette pour préparer le cycle à venir. En somme, on solde, on liquide et on s'en va... mais jusqu'à la prochaine fois. Il est formellement déconseillé d'entamer quoi que ce soit de nouveau en Année 9 sous peine de le voir échouer. Évitez a fortiori de créer une affaire ou de convoler ! Par contre, un projet longuement élaboré et préparé peut aboutir au cours de cette période. Enfin, une activité en rapport avec le public ou l'étranger peut s'avérer particulièrement fructueuse et bénéfique.

VOS LETTRES VOUS PARLENT

LES PLANS DE L'EXPRESSION

Sachez détecter votre type de comportement

Les lettres qui entrent dans la composition de votre nom et de votre prénom agissent sur votre destinée en tant que graphisme du nombre qu'elles représentent. Mais elles ont également une action personnelle qui provient de leurs propres vibrations et ces vibrations sont transmises par le son que vous émettez lorsque vous les prononcez.

D'où proviennent ces vibrations ? Tout simplement de la forme de chaque lettre ainsi que de la place qu'elle occupe dans l'alphabet. Ce symbolisme millénaire qui n'a guère changé depuis les origines a permis de donner à chaque lettre une place spécifique sur le *Plan de l'Expression*. Les vingt-six lettres de l'alphabet se trouvent ainsi classées en quatre catégories : lettres *cérébrales, physiques, émotionnelles, intuitives*, ce qui nous donne le tableau suivant :

CÉRÉBRALES	PHYSIQUES	ÉMOTIONNELLES	INTUITIVES
A H J N P G L	E W D M	O R I Z B S T X	K F Q U Y C V

Reprenons l'exemple de Chloé Dupont et classons les lettres qui composent son nom et son prénom dans la catégorie qui leur correspond : le C est une lettre intuitive, le H une lettre cérébrale, le L aussi, le E est une lettre physique et ainsi de suite. Le tableau des Plans de l'Expression de Chloé Dupont se présente de la façon suivante :

CÉRÉBRALES	PHYSIQUES	ÉMOTIONNELLES	INTUITIVES
H P N L	E D	O O T	U C

A la simple lecture de ce tableau nous constatons que le nom et le prénom de Chloé Dupont comportent : 4 lettres cérébrales, 2 lettres physiques, 3 lettres émotionnelles et 2 lettres intuitives.

A votre tour de remplir votre tableau :

CÉRÉBRALES	PHYSIQUES	ÉMOTIONNELLES	INTUITIVES

Il vous reste maintenant à découvrir la signification des différents Plans de l'Expression, c'est-à-dire de ces quatre catégories de lettres.

Lettres cérébrales : elles correspondent en astrologie à l'élément AIR et octroient par conséquent un grand sens de l'analyse et du raisonnement. Avec une prépondérance de lettres cérébrales, vous avez une approche très rationnelle des problèmes car vous utilisez en priorité votre intelligence et votre réflexion pour les cerner. Vous avez les qualités nécessaires pour négocier et diriger et vous aimez exprimer vos idées, voire vous impliquer sur le plan social. En fait, vous régnez sur tous les domaines qui concernent l'esprit. Une carence de lettres cérébrales dénote une difficulté à assimiler de nouvelles idées et parfois un manque d'objectivité. Un nombre excessif doit vous inciter à contrôler un esprit trop rapide et sujet à des déperditions énergétiques.

Lettres physiques : avec ces lettres qui correspondent à l'élément TERRE, vous vous intéressez plutôt à l'aspect matériel des choses. Vous mettez votre sens pratique et votre puissante énergie au service de réalisations tangibles et avez l'art de vous organiser dans la vie quotidienne qui a pour vous une grande importance. Vous êtes aidé en cela par une grande prévoyance ainsi qu'une prudence innée. Un excès de lettres physiques peut vous rendre facilement terre à terre. Vous pouvez éviter ce travers en vous consacrant à un travail qui vous passionne et où vous vous révélerez extrêmement efficace.

Lettres émotionnelles : elles dénotent chez vous, tout comme l'élément EAU qu'elles représentent, un aspect émotif et affectif très puissant. Une majorité de lettres émotionnelles vous donne une approche plutôt subjective des problèmes. Les sentiments risquent donc parfois de l'emporter sur la raison. Vous êtes avant tout un créatif, souvent un artiste, et vous avez une nature sensible et sincère. Mais veillez à ne pas tout soumettre à vos émotions et à vos pulsions ni à devenir trop vulnérables. Une absence de lettres émotionnelles peut signifier que vous ne voulez pas vous impliquer ou vous attacher de peur de souffrir. Laissez donc vos émotions s'extérioriser et fiez-vous un peu plus à votre intuition.

Lettres intuitives : elles correspondent à l'élément FEU et révèlent de grandes capacités d'intuition et d'imagination qui peuvent influencer fortement votre comportement et vos décisions. Vous avez ce que l'on appelle du flair et il peut même vous arriver d'avoir des pressentiments qui se réalisent. Bref, vous sentez les choses plus que vous ne les analysez et vous pourriez bien être fortement attiré par tout ce qui touche à l'occultisme. Veillez toujours à préserver la liberté et l'indépendance dont vous avez besoin sans toutefois vous laisser aller à « planer ».

FAITES PARLER TOUTES VOS LETTRES

Si vous désirez affiner l'étude de votre comportement et de vos potentialités, apprenez à classer vos lettres en fonction des trois grands quaternaires de la roue du zodiaque. Vous verrez qu'elles vous parleront.

Les Plans de l'Expression qui font apparaître des lettres cérébrales, physiques, émotionnelles et intuitives ont, vous l'avez vu, une correspondance avec les quatre éléments

Terre, Eau, Air et Feu, c'est-à-dire avec le premier grand quaternaire du zodiaque. Mais ces mêmes lettres peuvent également entrer dans la symbolique des trois quaternaires des signes appelés Cardinaux, Mutables et Fixes. Elles se subdivisent alors en lettres dites *créatrices, mobiles et stables*, selon l'ordre établi dans le tableau qui suit :

CRÉATRICES	A	E	ORIZ	K
MOBILES	HJNP	W	BSTX	FQUY
STABLES	GL	DM	—	CV

Si maintenant vous lui superposez le tableau de classification des Plans de l'Expression - lettres cérébrales, physiques, émotionnelles, intuitives - vous obtenez un tableau à double entrée qui vous donne des renseignements passionnants sur votre personnalité profonde.

	CÉRÉBRALES	PHYSIQUES	ÉMOTIONNELLES	INTUITIVES
CRÉATRICES	A	E	ORIZ	K
MOBILES	HJNP	W	BSTX	FQUY
STABLES	GL	DM	—	CV

Essayez d'appliquer l'exemple habituel de Chloé Dupont à cette méthode de classification. Vous constatez que ses nom et prénom comportent trois lettres créatrices qui sont le E et le O répété deux fois, cinq lettres mobiles qui sont le H, le N, le P, le T et le U et enfin trois lettres stables qui sont le L, le D et le C.

Le tableau correspondant aux lettres de Chloé Dupont se présente donc comme suit :

CRÉATRICES		E	OO		= 3
MOBILES	HNP		T	U	= 5
STABLES	L	D		C	= 3

Si vous faites entrer ces mêmes lettres dans les catégories cérébrale, physique, émotionnelle et intuitive, vous obtenez le tableau définitif des Plans de l'Expression de Chloé Dupont.

	CÉRÉBRALES	PHYSIQUES	ÉMOTIONNELLES	INTUITIVES	
CRÉATRICES		E	OO		= 3
MOBILES	HNP		T	U	= 5
STABLES	L	D		C	= 3
	= 4	= 2	= 3	= 2	= 11

Classez à votre tour toutes vos lettres :

	CÉRÉBRALES	PHYSIQUES	ÉMOTIONNELLES	INTUITIVES	
CRÉATRICES					
MOBILES					
STABLES					

Il vous reste maintenant à connaître la signification exacte de ces nouvelles catégories de lettres.

Lettres créatrices : elles correspondent en astrologie aux signes cardinaux, c'est-à-dire aux signes qui débutent une saison - Bélier, Cancer, Balance, Capricorne -. Si vous avez une majorité de lettres dans ce mode, cela signifie que vous êtes une personne active, énergique, démonstrative, qui aime diriger et surtout mettre en route de nouveaux projets. En effet, ces lettres sont de véritables démarreurs qui déclenchent l'inspiration et l'énergie créatrice. Mais avec toutes ces idées qui fourmillent, prenez garde à ne pas brûler la chandelle par les deux bouts, ce qui vous obligerait à vous arrêter en chemin.

Lettres mobiles : elles correspondent aux signes mutables, c'est-à-dire ceux qui terminent les saisons - Gémeaux, Vierge, Sagittaire, Poissons -. Appelées aussi parfois « hésitantes ou vacillantes » car elles ont tendance à provoquer une certaine hésitation et surtout à créer une situation de dualité permanente, ces lettres font de vous une personne souple et adaptable mais aussi très influençable. Avec une majorité de lettres mobiles, le passage de la conception à la réalisation s'avère très difficile et vous risquez souvent de ne pas aller jusqu'au bout de vos projets. Mais votre soif de tout savoir et de tout connaître est par contre tout à fait remarquable.

Lettres stables : elles correspondent aux signes fixes, ceux du milieu de saison, c'est-à-dire le Taureau, le Lion, le Scorpion et le Verseau. Appelées aussi « réalistes » ou « terre à terre », ces lettres portent bien leur nom car elles vous donnent une vision réaliste des événements et des situations. Bien ancrées au sol, porteuses de bon sens et de persévérance, elles vous confèrent cette capacité à construire solidement et durablement. Bref, avec une prédominance de lettres stables, on peut compter sur vous à cent pour cent car vous êtes loyal, fiable et prudent. Mais il vous faut veiller à ne pas devenir têtu, voire inflexible ou même intransigeant.

Il est évident que l'idéal, dans un thème numérologique, c'est de trouver des lettres harmonieusement réparties dans les différentes classifications que nous venons d'évoquer. On se trouve alors devant une personne dont la personnalité et le comportement sont parfaitement équilibrés.

Mais vous savez que personne n'est parfait et que la Numérologie est justement là pour vous aider à mieux connaître vos qualités et vos faiblesses et par conséquent à améliorer votre comportement.

UTILISEZ VOS NOMBRES ET ATTIREZ LA CHANCE

ET SI VOUS DONNIEZ SA CHANCE À VOTRE ENFANT DÈS LE DÉPART...

D'une manière générale, quand on évoque la chance, on a instinctivement tendance à penser d'abord à soi. Rien ne vous empêche en effet de rêver au bonheur qu'elle pourrait vous apporter si elle venait à vous échoir. Mais je vous propose ici de penser à ces êtres pour qui vous désirez ce qu'il y a de meilleur et de plus beau, ceux que vous aimez autant voire plus que vous-même, je veux parler de vos propres enfants. Pourquoi ne pas utiliser la Numérologie pour leur offrir la plus belle chance qui soit, un prénom qui leur convienne ?

Songez en effet que ce prénom est le seul élément de leur état-civil sur lequel vous ayez un pouvoir de décision. Il serait donc regrettable de le choisir à la légère ou en fonction de simples critères de mode. Alors, futurs parents, essayez de choisir avec vigilance et surtout amour le prénom de votre enfant car ses vibrations contribueront en grande partie à déterminer sa personnalité et son comportement. Cela, vous l'avez compris à travers les chapitres précédents. Certains enfants risquent de souffrir longtemps du désaccord entre leurs Nombres-Clés et leur Chemin de Vie, c'est-à-dire entre leur caractère et la voie qu'ils devront suivre, du seul fait d'un prénom mal approprié.

Sachez qu'il vous est facile de donner toutes ses chances à votre enfant dès le départ en lui préférant un prénom susceptible de lui apporter un bon équilibre et une vie harmonieuse. Les professionnels sont là pour vous aider dans cette démarche qui requiert une connaissance approfondie de la Numérologie.

AVEC LA PYRAMIDE ET VOS NOMBRES DE CHANCE, JOUEZ... ET GAGNEZ !

Parlons un peu de la chance

Le mot « chance » exerce un pouvoir magique sur chacun d'entre nous. Mais d'où vient ce nom ? Du mot « chéance » - manière dont tombent les dés - issu de l'expression latine médiévale « cadentia » découlant elle-même du verbe cadere qui veut dire tomber. L'origine du mot implique donc déjà une certaine notion de fatalité. De plus, si l'on considère qu'il existe des gens à qui tout semble sourire et d'autres qui traînent en permanence la malédiction derrière eux, on est vite tenté d'imputer la chance au hasard.

En fait, les choses ne sont pas aussi simples ni injustes, heureusement. Il est certain qu'il peut nous arriver, au cours de notre vie, de subir l'influence fatidique d'un nombre pendant un certain laps de temps. S'il s'agit par exemple d'un cycle de 9 ans, le temps risque de nous paraître long avant d'atteindre la sortie du tunnel. Mais il faut savoir, d'une part, que ce nombre se trouve lui-même en correspondance avec d'autres nombres qui en tempèrent l'influence et que, d'autre part, l'être humain évolue sans cesse en fonction de cycles et de vibrations différentes, au même titre que tout évolue dans le cosmos. Ce qui veut dire en clair que personne n'est jamais éternellement voué à subir la chance ou la malchance, pas plus qu'il n'est malchanceux en même temps dans tous les domaines — amour, travail, argent ou jeu.

La chance est un train qui passe

Et puis chacun sait que la chance est un train qui passe et que c'est à nous de savoir grimper dedans au bon moment. Toute personne a, en effet, dans son thème des nombres positifs et négatifs. A elle de savoir contourner ceux-ci et exploiter ceux-là.

Enfin, et ceci n'est pas le moins important, je suis convaincue qu'il est possible de favoriser la chance ou même de l'attirer sur soi en adoptant une attitude mentale positive. Comment ? Tout simplement en essayant de voir chez les autres et dans ce qui nous entoure ce qu'il y a de bon et de constructif ou en nous réjouissant du bonheur d'autrui, par exemple, plutôt que d'envier ce bonheur.

Il ne faut en effet jamais perdre de vue une chose fondamentale, c'est que les pensées positives génèrent des vibrations elles-mêmes positives qui sont susceptibles de nous renvoyer à leur tour d'autres pensées bénéfiques comme le ferait un boomerang.

Alors cette fameuse chance, on se la crée un peu soi-même, non ?

Ceci dit, qui résisterait à l'envie de connaître les nombres qui lui sont particulièrement favorables dans la vie en général et au jeu en particulier ? Et c'est là que la Numérologie intervient, car elle permet tout de même d'aider un peu ce « hasard » par cette connaissance qu'elle a des lois cosmiques et dans la mesure où elle met en évidence des nombres qui vous sont tout à fait personnels puisqu'ils découlent de votre état-civil ou de votre date de naissance.

Voici le premier de ces nombres qui, comme son nom l'indique, a toujours été considéré comme porteur de chance. Il s'agit du *Nombre Super-Bénéfique*. Il utilise la « kabbale chaldéenne » par le système pyramidal, à partir du nom et du prénom et, de ce fait, il semble le plus représentatif de tous les nombres bénéfiques.

Comment le calculer ?

Il faut utiliser, comme d'habitude, l'alphabet numérique pour déterminer la valeur de chaque lettre.

Reprenons l'exemple de Chloé Dupont.
On additionne la valeur numérique du C et du H, du H et du L, du L et du O, etc. et on reporte le nombre obtenu, après réduction bien entendu, en dessous de chacune des lettres jusqu'à obtention du dernier nombre. On procède de la même façon pour le nom de famille Dupont et la simple addition des deux nombres finaux résultant de ce système dit *pyramidal*, nous donne enfin ce qu'on appelle le Nombre Super-Bénéfique.

C H L O É	D U P O N T
3 8 3 6 5	4 3 7 6 5 2
2 2 9 2	7 1 4 2 7
4 2 2	8 5 6 9
6 4	4 2 6
1	6 8
	5

1 (Chloé) + 5 (Dupont) = 6
Le Nombre Super-Bénéfique de Chloé Dupont est donc le **6**.

Exemple pour déterminer le 1 de Chloé :
C + H = 3 + 8 = 11 = 2
H + L = 8 + 3 = 11 = 2
L + O = 3 + 6 = 9
O + E = 6 + 5 = 11 = 2

Et on recommence :
2 + 2 = 4
2 + 9 = 11 = 2
9 + 2 = 11 = 2

Et puis :
4 + 2 = 6
2 + 2 = 4

Et enfin :
6 + 4 = 10 = 1

Et on recommence avec Dupont.

A vous de calculer votre Nombre Super-Bénéfique :

Le Nombre Super-Bénéfique n'est pas le seul nombre que la Numérologie mette à votre disposition pour assouvir votre désir de gagner dans la vie en général et aux jeux de hasard en particulier. Vous pouvez aussi utiliser tous vos *Nombres-Clés*, notamment ceux du « Moi Profond », de la Personnalité et du Chemin de Vie. Ces nombres sont en effet fondamentaux puisqu'ils découlent directement de votre identité et, à ce titre, vous pouvez les considérer comme des nombres porte-bonheur.

L'un de ces nombres est particulièrement susceptible de vous attirer la chance puisqu'il représente votre « moi » dans sa globalité — nombre actif + nombre d'hérédité + jour de naissance — c'est le nombre de votre *Arcane de Vie*. N'oubliez jamais de le jouer en toutes circonstances. Ne négligez pas non plus votre *Jour de Naissance* qui représente la vibration majeure de votre vie. Si votre Arcane de vie et votre Jour de Naissance sont des nombres à deux chiffres, vous pouvez les jouer deux fois, avant et après réduction. Une chance supplémentaire...

Voici enfin un nombre très intéressant puisqu'il a toujours été considéré comme une sorte de talisman. D'origine très ancienne - on dit même que c'est un nombre sacré - on l'appelle le *Nombre Kabbalistique*.

Comment le calculer ? En divisant votre Nombre de Personnalité, avant réduction, par le nombre 9. C'est le reste de cette division qui constitue votre Nombre Kabbalistique.

Ex. : C H L O É D U P O N T
3 8 3 6 5 4 3 7 6 5 2 = 52

52	9
7	5

Reste 7. *Le Nombre Kabbalistique* de Chloé Dupont est donc le **7**.

Empressez-vous de calculer le vôtre :

Enfin, si vous ajoutez à ce nombre celui de votre Chemin de Vie, vous obtenez un dernier nombre appelé *Arcane Bénéfique*.

Exemple :
Nombre Kabbalistique + Chemin de Vie de Chloé Dupont = *Arcane Bénéfique* soit 7 + 1 = **8**

Trouvez le vôtre :

Notez bien qu'il peut vous arriver de trouver à plusieurs reprises le même nombre au cours de vos calculs. Cela signifie qu'il a un impact particulier sur votre vie et qu'il convient pour vous de le jouer en priorité.

En conclusion, je dirai que, hormis le Nombre Super-Bénéfique, le Nombre Kabbalistique et l'Arcane Bénéfique, il n'existe pas de règles fixes en matière de calcul des nombres de chance. Du moment que vous savez calculer correctement vos nombres de base, toutes les possibilités vous sont offertes. A vous de jouer, de combiner, d'inventer de nouvelles méthodes en utilisant ce don merveilleux que vous a fait la nature et que vous négligez trop souvent d'utiliser, je veux parler de votre intuition. Apprenez à l'exploiter car elle est présente en chacun de vous, même si elle ne se manifeste pas toujours d'une manière évidente. Et vous verrez que vous aussi vous croiserez un jour la chance sur votre chemin...

THÈMES
NUMÉROLOGIQUES

THÈME DE CHLOÉ DUPONT

Prénom	Nom ou nom de jeune fille	Date de naissance
CHLOÉ	DUPONT	22.2.1966

Voyelles	6 5	3 6	= 20 = 2 + 0 = **2** MOI PROFOND
Toutes	C H L O É	D U P O N T	
Lettres	3 8 3 6 5 = 25 = 7	4 3 7 6 5 2 = 27 = 9	= 52 = 5 + 2 = 7
	ACTIF	HÉRÉDITÉ	PERSONNALITÉ
Consonnes	3 8 3	4 7 5 2	= 32 = 3 + 2 = 5
ARCANE DE VIE = 7 + 9 + 1 = **XVII**			RÉALISATION

	Cérébrales Air	Physiques Terre	Émotion Eau	Intuitives Feu	
Créatrices		E	OO		3
Mobiles	HNP		T	U	5
Stables	L	D		C	3
TOTAL	4	2	3	2	11

CHEMIN DE VIE
Jour : 22
Mois : 2
Année : 1966
1990
1 + 9 + 9 = 19 = **1**

ANNÉE PERSONNELLE
Jour : 22
Mois : 2
Année : 1992
en cours 2016
2 + 1 + 6 = **9**

–	1	3	=	4 P.A. = C = 3
1	2	2	=	5 Initiales = 7
1	1	–	=	2
				11

Nombre Réaction :
7 + 22 = 29 = **11**
Défi du M.P. :
0 – 0 = 6 – 6 = **0**
Défi de Réalisation :
C – T = 3 – 2 = **1**
Défi de Personnalité : 1 + 0 = **1**

Avec un Karma de 1 dans sa Grille d'Inclusion, Chloé Dupont éprouve des difficultés à s'affirmer et à prendre des initiatives car elle manque de confiance en elle, d'ambition et parfois même de volonté. Il faut donc qu'elle essaie d'assumer son indépendance et de se battre, ce que la vie ne tardera d'ailleurs pas à lui enseigner. L'absence de nombre 9 dénote un manque de sensibilité aux problèmes humains et une certaine tendance à être jalouse et possessive. Le reste de la grille est par ailleurs bien équilibré, avec un nombre 3 dominant qui lui confère un excellent sens de la communication, beaucoup de créativité et une grande faculté d'adaptation.

Le nombre 2 du « Moi Profond » révèle une nature sensible qui aspire à s'associer dans le travail comme dans la vie privée afin de satisfaire son besoin d'équilibre et de sécurité. Attentive aux problèmes des autres, tolérante et psychologue, Chloé Dupont souhaite vivre dans l'harmonie et l'amitié. Ces qualités font immédiatement apparaître une ambiguïté au niveau de son caractère puisqu'elles s'opposent en les compensant aux carences générées par le Karma de 9 que nous venons d'évoquer. Chloé Dupont risque donc d'être parfois « tiraillée » entre deux aspirations opposées, ce qui accentue l'aspect dualitaire, indécis et émotionnel de son nombre 2, déjà confirmé par la présence de 5 lettres mobiles et de 3 lettres émotionnelles.

Sur le plan concret, le Nombre de Réalisation 5 indique un besoin d'exercer une activité qui préserve la liberté dans un contexte de mouvement et de diversité. Là encore, il y a contradiction évidente entre les aspirations de notre personnage - besoin de dépendance, de stabilité, don de soi - et son aptitude à se réaliser concrètement. Le 5 est heureusement en parfait accord avec le 3 qui domine dans la Grille et dont il partage de nombreuses qualités. D'autre part, il s'apparente par ses manifestations d'indépendance au nombre 7 qui marque la Personnalité.

Chloé Dupont est en effet une personne très indépendante d'esprit, passionnée par tout ce qui touche à l'intellect. Secrète, plutôt introvertie, elle a un grand pouvoir d'observation et de réflexion. Originale, curieuse, créative - qualités déjà mises en évidence par les nombres 3 et 5 -

elle supporte assez mal la hiérarchie et la sédentarité. Nouvelle contradiction avec son « Moi Profond ». En revanche, elle possède une exceptionnelle faculté d'intuition qui est un dénominateur commun aux nombres 2 et 7 et qui se trouve en plus intensifiée par ses 2 lettres intuitives et le nombre 22 de son Jour de Naissance. Enfin, le 7 et le 2 se rejoignent sur le plan de l'imagination et surtout celui de l'amitié, qualité qui pour tous les deux est un véritable « must ».

Si l'on considère maintenant que ce Nombre de Personnalité 7 est lui-même issu d'un Nombre Actif 7 et d'un Nombre d'Hérédité 9, on peut affirmer qu'il s'agit d'un 7 extrêmement fort car il est amplifié dans tous ses attributs, aussi bien positifs que négatifs. La quête intellectuelle et spirituelle ainsi que le besoin d'idéal et d'évasion sont omniprésents. Mais les risques d'inhibition, d'utopie, d'hyperémotivité et de doute se trouvent également accentués, surtout avec la présence du 2 au « Moi Profond ». Heureusement, le nombre 3 que l'on retrouve aussi dans la Pierre Angulaire vient tempérer ces tendances.

Que dire d'un Chemin de Vie 1 lorsqu'on doit l'emprunter avec un tel bagage ? Qu'il risque d'être assez inconfortable du fait d'une absence totale de 1 dans le thème, liée à deux Défis 1 qui, dans ce contexte, confirment cette faiblesse et enfin à la présence d'un 2 au « Moi Profond ». Toutefois, le nombre 7 - renouvelé aux Initiales - devrait permettre à Chloé Dupont d'assumer la solitude inhérente à ce Chemin de Vie et ses 3 lettres créatrices, conjointes à 4 cérébrales, l'aider à affronter les responsabilités qu'il impose. De plus, le nombre 22 de sa naissance, qui traduit une réelle capacité à se concrétiser à haut niveau ainsi que le Nombre de Réaction 11 peuvent constituer des atouts majeurs s'ils sont vécus à leur véritable tempo. Enfin, le choix d'une carrière judicieusement adaptée à sa personnalité aux multiples facettes devrait être déterminant pour la réussite de son parcours de vie. Et puis n'oublions pas que notre amie bénéficie pendant toute son existence de la protection de l'Étoile du Tarot puisque son Arcane de Vie est le XVII.

En résumé, Chloé Dupont se présente comme une authentique « intellectuelle », douée d'une sensibilité très féminine mais dont la nature est particulièrement conflictuelle. A la fois indépendante et dépendante, active et passive, philanthrope et personnelle, soumise et rebelle, intuitive et intellectuelle, introvertie mais sociable, réfléchie mais intrépide, elle peut nous séduire par sa complexité ou nous inquiéter par son côté imprévisible. Avec un tel profil, elle se trouve donc dans une situation qui l'oblige à se structurer en conciliant ses antagonismes pour parvenir à les rendre positifs et complémentaires. Tâche difficile certes, mais pour le moins exaltante si l'on considère qu'à l'instar de nous tous, elle est en ce monde pour progresser et évoluer.

CONSTRUISEZ VOUS-MÊME VOTRE THÈME

Prénom ____________ Nom ou nom de jeune fille ____________ Date de naissance ____________

Voyelles ____________ ____________ = = + =
MOI PROFOND

Toutes
Lettres ____________ = = ____________ = = = = + =
ACTIF HÉRÉDITÉ PERSONNALITÉ

Consonnes ____________ ____________ = = + =
ARCANE DE VIE = + + = RÉALISATION

	Cérébrales Air	Physiques Terre	Émotion Eau	Intuitives Feu	
Créatrices					
Mobiles					
Stables					
TOTAL					

CHEMIN DE VIE
Jour :
Mois :
Année : ___

\+ + + =

ANNÉE PERSONNELLE
Jour :
Mois :
Année : ___
en cours
\+ + + =

= P.A. = =
= Initiales =
= _

Nombre Réaction :
\+ = =
Défi du M.P. :
\- = - =
Défi de Réalisation :
\- = - =
Défi de Personnalité : + =

Prénom ____________ Nom ou nom de jeune fille ____________ Date de naissance ____________

Voyelles ____________ ____________ = = + =

MOI PROFOND

Toutes

Lettres ____ = = ____ = = = = + =

ACTIF HÉRÉDITÉ PERSONNALITÉ

Consonnes ____________ ____________ = = + =

ARCANE DE VIE = + + =

RÉALISATION

	Cérébrales Air	Physiques Terre	Émotion Eau	Intuitives Feu	
Créatrices					
Mobiles					
Stables					
TOTAL					

CHEMIN DE VIE
Jour :
Mois :
Année : ___

\+ + + =

ANNÉE PERSONNELLE
Jour :
Mois :
Année : ___
en cours
\+ + + =

= P.A. = =
= Initiales =
= —

Nombre Réaction :
\+ = =
Défi du M.P. :
− = − =
Défi de Réalisation :
− = − =
Défi de Personnalité : + =

Prénom ____________ Nom ou nom de jeune fille ____________ Date de naissance ____________

Voyelles ____________ ____________ = = + =

MOI PROFOND

Toutes

Lettres ____ = = ____ = = = = + =

ACTIF HÉRÉDITÉ PERSONNALITÉ

Consonnes ____________ ____________ = = + =

ARCANE DE VIE = + + =

RÉALISATION

	Cérébrales Air	Physiques Terre	Émotion Eau	Intuitives Feu	
Créatrices					
Mobiles					
Stables					
TOTAL					

CHEMIN DE VIE
Jour :
Mois :
Année : ___

\+ + + =

ANNÉE PERSONNELLE
Jour :
Mois :
Année : ___
en cours
\+ + + =

= P.A. = =
= Initiales =
= —

Nombre Réaction :
\+ = =
Défi du M.P. :
− = − =
Défi de Réalisation :
− = − =
Défi de Personnalité : + =

CONCLUSION

Si vos nombres vous ont confirmé vos traits de caractère et vos aspirations ou permis de mettre en évidence des aptitudes encore latentes, c'est qu'ils ont su vous convaincre. Vous savez désormais qu'à l'instar des planètes, ils gouvernent votre existence. Vous avez appris à les calculer, à les répertorier et à les interpréter. Si vous hésitez, questionnez-les, consultez-les ! Ils sont là pour vous servir. Élémentaire... il suffisait de le savoir. Vous avez compris que la Numérologie a le pouvoir de vous aider à vous connaître, à vous accepter et aussi... à accepter les autres.

Ceci dit, vous savez qu'il ne suffit pas de connaître son signe astrologique ou de savoir calculer son ascendant pour connaître l'Astrologie. Il en va de même pour la Numérologie. Le propos de cet ouvrage était de vous familiariser avec cette discipline, peut-être nouvelle pour certains d'entre vous, et j'espère qu'il l'a fait en vous divertissant. En aucun cas je n'ai voulu lui donner un caractère réellement didactique. Mais s'il vous a donné l'envie d'en savoir plus, d'aller plus loin, d'apprendre à évaluer les nombres les uns par rapport aux autres pour en faire une synthèse indispensable mais qui était ici hors de propos, alors je pourrai dire « mission accomplie ». Car cela me confortera dans mon idée que l'on peut transmettre et convaincre tout en conservant un caractère ludique à son discours.

BIBLIOGRAPHIE

KEVIN QUINN AVERY : La vie secrète des chiffres, Éd. l'Étincelle.

FLORENCE CAMPBELL : Your days are numbered, Devorss and Company Publishers.

ALAIN-VICTOR CHRISTEL : Le guide pratique de la nouvelle numérologie, Éd. de Vecchi.

MONIQUE CISSAY : Changer votre prénom pour changer votre destin, Éd. Trédaniel.

JEAN-DANIEL FERMIER : ABC de la numérologie, Éd. Grancher.

GEORGES GUILPIN : La vie au fil des chiffres, Éd. du Dauphin.

HADÈS : Manuel complet de numérologie, Éd. Bussière.

Dr ROGER HALFON : Vos chiffres pour la vie, Éd. Albin Michel.

JEAN-POL KERSAINT : Toute la numérologie, Éd. Dangles.

PHILIPPE de LOUVIGNY : Les clefs de votre nom, Éd. Sand.

BRIGITTE MESNARD : L'horoscope numérologique - Votre caractère et l'horoscope numérologique, Éd. de Vecchi.

PAPUS : La science des nombres, La Diffusion Scientifique.

CLAUDE PEIGNOT : Le nombre, langage de Dieu, Éd. G. Lachurie.

BRENDA PICHÉ : Guide complet de numérologie, Éd. de Mortagne.

MICHEL de SAINT-AMANS : L'intelligence et le pouvoir des nombres, Éd. Artulen.

LOUIS-CLAUDE de SAINT-MARTIN : Les nombres, Documents Martinistes.

MARGUERITE SAVIGNY-VESCO : Le secret des nombres, Éd. Bussière.

TABLE DES MATIÈRES

Concept
Graphisme, Illustrations
CLAIRE BERTHIER

Achevé d'imprimer sur les presses de la S.N.I.E.P.
61300 L'Aigle - Tél. 33.24.22.77

Dépôt légal : Février 1993